Christmas 1990

To Georgia, with♡ all my love.
Here's hoping you survive the
year in Oviedo with me, pass
your exams with flying colors,
and live to tell it all with
relish and gusto!

Besos,

Mari b

TEATRO MEDIEVAL

LITERATURA

ESPASA CALPE

TEATRO MEDIEVAL

Edición
Ana M.ª Álvarez Pellitero

COLECCIÓN AUSTRAL

ESPASA CALPE

© *Espasa Calpe, S. A., 1990*

—

Maqueta de cubierta: Enric Satué

—

Depósito legal: M. 28.844-1990
ISBN: 84-239-1957-9

Impreso en España
Printed in Spain
Talleres gráficos de la Editorial Espasa-Calpe, S. A.
Carretera de Irún, km. 12,200. 28049 Madrid

ÍNDICE

INTRODUCCIÓN GENERAL

I

ORÍGENES DISCUTIDOS

La escasez de textos conservados y la parvedad de documentación complementaria de época vienen condicionando desde hace dos siglos el debate sobre el teatro medieval en España. Tres son las principales cuestiones disputadas: la existencia o ausencia de teatro en las regiones de habla castellana al oeste de Cataluña; el origen monogenético o poligenético y la evolución homogénea o heterogénea del teatro conservado; y, en el supuesto de un origen monogenético, la naturaleza religiosa o profana del mismo.

En su estudio sobre los *Orígenes del Teatro Español* decía don Leandro Fernández de Moratín a mediados del siglo XVIII:

> Las fiestas eclesiásticas fueron en efecto las que dieron ocasión a nuestros primeros ensayos en el arte escénico: los individuos de los cabildos fueron nuestros primeros actores; el ejemplo de Roma autorizaba este uso, y el objeto religioso que lo motivó disipaba toda sospecha escandalosa. En aquellas farsas se representaban varias acciones tomadas del Antiguo y Nuevo Testamento, y no pocas también de los evangelios apócrifos [...].
>
> La escasez de documentos no permite dar una idea más individual de aquel teatro; pero resumiendo cuan-

to puede colegirse de los datos que existen relativos a este propósito, parece seguro que el arte dramático empezó en España durante el siglo XI; que se aplicó exclusivamente a solemnizar las festividades de la Iglesia y los misterios de la religión; que las piezas se escribían en castellano y en verso; que se representaban en las catedrales adornadas con la música de sus coros; y que los actores eran clérigos como también los poetas que las componían [1].

Como he apuntado de entrada, la ausencia de textos constituía, entonces más que hoy, un obstáculo fundamental. Así, Moratín en el *Catálogo de piezas dramáticas medievales* que adjuntaba, sólo registraba la *Comedia alegórica*, del marqués de Villena, y la *Danza general de la muerte*, aclarando que no estaba convencido de que ésta se representase. Algo semejante ocurre con el conde Von Schack: en su *Historia de la literatura y del arte dramático en España* [2], aduce una serie de testimonios sobre la existencia de representaciones medievales en las iglesias, pero sólo aporta, como texto concreto, una farsa satírica catalana del siglo XIV, el *Mascarón*.

Mientras tanto, a la vez que en toda Europa se multiplicaban los estudios sobre los orígenes del Teatro [3], permanecía en el olvido, todo a lo largo del siglo XIX, una riquísima documentación que sobre el teatro reli-

[1] *Orígenes del Teatro,* Primera parte, en *Obras de don Leandro Fernández de Moratín,* I, Madrid, Aguado, 1830, págs. 11-13.

[2] Adolfo von Schack, *Historia de la literatura y del arte dramático en España* [1854], Trad. de E. Mier, Madrid, 1885. Insiste en los orígenes litúrgicos del teatro español don Manuel Cañete en su *Discurso* [de ingreso en la Real Academia Española] *acerca del drama religioso antes y después de Lope de Vega,* Madrid, 1862. Reimpreso en las *Memorias de la Real Academia Española,* I (1870), págs. 368-412.

[3] Así, O. Le Roy, *Études sur les Mysteres,* París, 1837; A. Magnin, *Les origines du théatre moderne,* París, 1838; E. Du Meril, *Origines latines du théatre moderne,* París, 1849; E. de Coussemaker, *Drames liturgiques du Moyen Age,* Rennes, 1860; M. Sepet, *Le Drame chretien au Moyen Age,* París, 1878; K. Lange, *Die Lateinischen Osterfeiern,* Munich, 1887; W. Creizenach, *Geschichte des neueren Dramas,* La Haya, 1893-1903.

gioso en Cataluña y Valencia había ido acumulando fray Jaime Villanueva. Milá y Fontanals sólo conoció y utilizó para su estudio sobre los *Orígenes del teatro catalán*[4] algunos datos que aquel erudito dominico había ido sembrando de manera dispersa en el *Viage literario a las Iglesias de España*[5]. La obra de Milá, sin embargo, por su aportación documental y por su autoridad crítica, sigue constituyendo una buena base y un excelente punto de partida para las investigaciones de nuestro teatro medieval.

Es incuestionable que las investigaciones de Chambers[6] y de Young[7] constituyeron, en esta línea, sendas bases fundamentales para el conocimiento del teatro en Europa. Pero la muy exigua documentación que de España aportan no les merece demasiada atención; Chambers lo justifica sugiriendo la posibilidad de que nuestro teatro —concretamente, nuestro teatro religioso— haya seguido desde sus comienzos derroteros distintos de los del resto de Europa, y Young, que ya en 1909 había publicado una pieza procedente del monasterio catalán de Ripoll[8], fundamental por época y contenido, pasando por alto cronologías y estructuras, relega todo lo hispánico a un segundo plano como si fuera un fruto tardío y de escaso relieve en el conjunto europeo. Esta última apreciación fue ya tempranamente contestada por estudiosos de ese mismo ámbito. Así, Gustav Cohen[9], sobre la base de que el teatro religioso

---

[4] Recogido en el vol. VI de sus *Obras completas,* Barcelona, 1895, págs. 205-379.

[5] Veintidós vols., Madrid, 1803-1852.

[6] E. K. Chambers, *The Medieval Stage,* I, Oxford, 1903, reimpresión 1948.

[7] Karl Young, *The Drama of the Medieval Church,* I, Oxford, Clarendon Press, 1933, reimp. 1976.

[8] La «Visitatio Sepulchri» del *Tropario* de Ripoll (siglo XII), conservado en el Museo de Vich: Karl Young, «Some Texts of Liturgical Plays», *Publications of the Modern Language Association,* 24 (1909), págs. 303-308.

[9] «Le théatre religieux», en *Le Théatre en France au Moyen Age,* I, París, 1928. En la misma línea se sitúan, entre otros, Alexander

medieval surge de la liturgia cristiana que le suministra fundamentalmente rituales e impulso, postula idéntica existencia de representaciones para todas las áreas donde la misma liturgia estuvo vigente.

Frente a la tesis del origen religioso o específicamente litúrgico del teatro en la España medieval, opuso don Ángel Bonilla y San Martín, en otro discurso de ingreso en la Real Academia Española, la idea de un origen profano [10]. En efecto, al tiempo que don Ramón Menéndez Pidal enfatizaba la dimensión dramática de las actuaciones juglarescas [11], Bonilla consideraba absurdo «hacer derivar el teatro profano medieval del sagrado. Si hubo en la Edad Media —añadía— un teatro litúrgico, lo cual es indudable, se introdujo a imitación del pagano y contra el espíritu y la letra de los Padres de los Concilios».

Con independencia de la escasa consideración atribuida al teatro medieval en España, Chambers y Young sentaron en sus monumentales obras un principio de interpretación metodológica de larga vigencia: el origen monogenético del teatro medieval a partir del *teatro litúrgico* y la evolución homogénea del mismo desde las formas más sencillas a las más complejas. En el principio habrían sido, según ellos, los *tropos*. Pueden éstos ser definidos como amplificaciones de un canto litúrgico por medio de adiciones o sustituciones. Fueron los

---

Parker, «Notes on the religious Drama in Medieval Spain and the Origins of the *Auto Sacramental*», *Modern Language Review,* 30 (1935), págs. 170-182, y Georges Cirot, «Pour combler les lacunes de l'histoire du drame religieux en Espagne avant Gómez Manrique», *Bulletin Hispanique,* 45 (1943), págs. 55-62.

[10] *Las Bacantes o del Origen del Teatro,* Madrid, Rivadeneyra, 1921, pág. 21.

[11] Véase como resumen expositivo la amplia documentación por él recogida en *Poesía juglaresca y orígenes de las literaturas románicas,* Madrid, Instituto de Estudios Políticos, 1957. Son muchos los estudiosos del teatro renacentista —Frida Weber, Charlotte Stern, John Lihani, etc.— que comparten esta interpretación de la función juglaresca.

monjes de Jumièges, en Francia, los primeros en aplicar en el siglo IX un texto silábico a las vocalizaciones finales del «alleluya». Esos *tropos* serían después imitados en Saint-Gall y difundidos, a partir del siglo X, desde allí y desde la abadía de Saint Martial de Limoges en Aquitania. En ésta databa Young, entre los años 923 y 934, el *tropo* más antiguo, esta *Visitatio Sepulchri:*

> Psallite regi magno, deuicto mortis imperio! Quem quaeritis in sepulchro, o Christicole?
> Responsio
> Ihesum Nazarenum crucifixum, o celicole.
> Responsio
> Non est hic, surrexit sicut ipse dixit; ite, nunciate quia surrexit. Alleluia, resurrexit Dominus, hodie resurrexit leo fortis, Christus, filius Dei; Deo gratias, dicite eia! [12].

Aquí se encuentra ya un diálogo escenificable y, de hecho, un obispo de Winchester nos ha legado la descripción: «Durante la lectura del tercer evangelio que tres de los hermanos se pongan las casullas, mientras otro de ellos, como preparándose para otro servicio religioso, se cubra con un alba, se dirija de modo imperceptible hacia el sepulcro simbólico, y se siente silenciosamente con una palma en la mano. Durante el canto de la tercera antífona, los otros tres, revestidos de sus casullas, vayan con los incensarios hacia el lugar del sepulcro, haciendo como si buscaran algo» [13]. Es la primera dramatización de las *Tres Marías* o *Visitatio Sepulchri*.

No era difícil que, sobre la misma pauta, comenzaran a introducirse *tropos* en la liturgia de Navidad. El más antiguo *Quem quaeritis* de la Natividad u *Officium*

---

[12] Véase Young, *The Drama*..., I, pág. 210.
[13] Se registra esta descripción en la *Regularis Concordia*, escrita por S. Ethelwold, obispo de Winchester, entre los años 965-975. Recogida por Chambers *(The Medieval Stage*..., pág. 308) y Young, *The Drama*..., I, págs. 220, 231-238.

pastorum se conserva, asimismo, en un códice de Limoges, del siglo XI:

> AD DOMINICAM MISSAM
> Quem quaeritis in presepe, pastores, dicite?
> Saluatorem Christum Dominum, infantem pannis inuolutum, secundum sermonen angelicum.
> Adest hic paruulus cum Maria matre sua, de qua dudum uaticinando Isaias dixerat propheta: Ecce uirgo concipiet et pariet filium; et nunc euntes dicite quia natus est.
> Alleluia, alleluia! Iam uere scimus Christum natum in terris, de quo canite omnes cum propheta, dicentes: Psalmus: Puer natus est! [14].

El diálogo se entabla aquí entre clérigos vestidos de pastores y el ángel que señala la presencia de María con el Niño. Se realizaba antes de la Misa y enlazaba con el Salmo del Introito: «Puer natus est nobis.»

¿HUBO TEATRO LITÚRGICO EN LA CASTILLA MEDIEVAL?

Vino a marcar un hito en los estudios del teatro medieval hispánico Richard Donovan al publicar en 1958, después de una minuciosa búsqueda por archivos españoles y extranjeros, su magnífico libro *The liturgical Drama in Medieval Spain* [15]. Partiendo de la riquísima documentación, ya mencionada, de fray Jaime Villanueva [16], este benedictino canadiense centra su búsqueda, fundamentalmente, en los manuscritos de textos litúrgicos del área de Cataluña, Valencia y Baleares. Y sobre ellos construye una tesis que puede

---

[14] Young, *The Drama...*, II, pág. 4.
[15] Pontifical Institute of Medieval Studies, Toronto, 1958.
[16] Esta documentación había servido de pauta, a principios de siglo, a los estudios de Anglés, Gudiol y Griera sobre el teatro medieval en Cataluña.

resumirse en estos puntos: 1) La vieja liturgia hispánica, mal llamada liturgia visigótica, desconocía la práctica de los *tropos*, base de las dramatizaciones. 2) La liturgia romana permite en su estructura ritual la inclusión de *tropos*, pero no los introduce en todas sus ramificaciones europeas. 3) En España, el área catalana adoptó tempranamente el rito romano con variantes ceremoniales dramatizadas, en tanto que en Castilla y León fueron los monjes de Cluny —fundados *in libertate sancti Petri*, esto es, en dependencia directa del Papado, y fieles, por tanto, a la variante curial del rito romano que rechazaba los *tropos*—, quienes, tarde y con grandes dificultades, introdujeron esa liturgia más atenta a la pureza de los textos como forma y canon de expresión de la fe, y desde luego, sin concesiones a los *tropos* [17].

¿Cómo se explica, entonces, que precisamente los dos *tropos* más antiguos que él mismo recoge pertenezcan a Castilla y al Oeste peninsular? Se trata del tropo de Silos, del siglo XI —coetáneo al menos, si no anterior, al de Ripoll, que es el más antiguo documentado al Este—, y del de Compostela, del siglo XII. Donovan trata de justificarlo argumentando que Silos, importante monasterio castellano, fue, históricamente, el único que se mantuvo ajeno al influjo de Cluny, y que, por su parte, Santiago debió de recibir la influencia de Ripoll, monasterio con el que la catedral gallega mantuvo estrecho contacto, sobre todo en el ámbito musical.

La tesis de Donovan alcanzó gran resonancia. En una posición muy beligerante y aferrada a las exigencias del positivismo, Humberto López Morales justificaba *ab extrinseco* la ausencia de teatro en las regiones de habla castellana, por la predominante ocupación guerrera en

---

[17]   Se producen algunas excepciones al establecimiento del rito romano como el universal católico, ya que Alfonso VI permite seguir utilizando el rito toledano en las parroquias más antiguas de la región. Por lo demás, es sobradamente conocida la resistencia que los partidarios de la vieja liturgia hispánica ofrecieron a la innovación.

la Reconquista [18]. Avanzando decididamente por la vía que el ilustre benedictino había abierto, Fernando Lázaro Carreter sugerirá que los monjes de Cluny, precisamente a causa de su animadversión a los tropos litúrgicos y a fin de mantener la liturgia libre de contaminaciones, debieron de ser los que fomentaron el nacimiento de dramatizaciones romances del tipo del *Auto de Reyes*, que, naturalmente, se celebrarían fuera de la Misa y de los oficios divinos, aunque seguramente en los templos [19].

AMPLIANDO EL MARCO DE INVESTIGACIÓN

Nadie se atrevería a negar el mérito de las investigaciones de Chambers y Young o de las de Donovan. Pero, en relación con los primeros, hace ya años que Hardison cuestionó, desde posiciones argumentales sólidas, la tesis de la monogénesis a partir de los *tropos* litúrgicos y la evolución homogénea de éstos desde unas estructuras sencillas hacia formas más complejas. En concreto, Hardison defiende que la *Visitatio Sepulchri*, en la forma del *Quem Quaeritis*, fue primero una representación popular, no litúrgica, y probablemente realizada desde muy pronto en la lengua romance; que después, en un segundo tiempo, dicha representación debió de bifurcarse en dos modalidades: por un lado

---

[18] *Tradición y creación en los orígenes del teatro castellano,* Madrid, Alcalá, 1969. En su, por lo demás excelente, artículo «Sobre el teatro medieval castellano: *Status quaestionis*», *Boletín de la Academia Puertorriqueña de la Lengua Española,* 14 (1986), aduce en apoyo la idea expuesta por Ronald Surtz de que en Castilla la representación teatral resultaba en la Edad Media superflua. «Envueltos en la lucha secular contra los moros —escribe Surtz— los castellanos de la Alta Edad Media sabían quiénes eran sin la necesidad de definirse como cristianos mediante el teatro sacro» (*Teatro medieval castellano,* Madrid, Taurus, 1983, pág. 12).

[19] Fernando Lázaro Carreter, *Teatro Medieval,* Madrid, Castalia, 1965.

continúa la forma popular primera, y, por otro, surge una adaptación a la forma de *tropo* litúrgico [20].

En relación con Donovan, habría que empezar por señalar que acaso no sea tan claro que la vieja liturgia hispánica o liturgia mozárabe no conociera las dramatizaciones. José María Regueiro recuerda que al propio Donovan le llama la atención encontrar documentado en *Consuetas* de Gerona y Mallorca el uso de bailes y danzas en el teatro litúrgico así como dramatizaciones dentro de la Misa —lo que, desde luego, constituye, caso único en Europa— y explica que «fueron los mozárabes los primeros cristianos en autorizar estos bailes perpetuando una costumbre que había existido desde la época visigótica y que luego se extendió a otras partes de España». Del rito mozárabe tomaría también la liturgia romana «el uso de palmas, vestimentas albas, del palio y de los estandartes en las ceremonias que preceden a la misa de los santificados en la vigilia pascual». Por lo que hace al empleo temprano de la lengua vernácula en la Misa, que documenta una *Consueta* mallorquina, el propio Regueiro sugiere que «quizá se prefiriera para las representaciones en este rito [el Romano] al abandonarse las viejas costumbres ante la presión extranjerizante» [21].

Esta última hipótesis de relación de motivación de las dramatizaciones religiosas, incluso de las litúrgicas, con la guerra de los Ritos, fue explicitada con detalle por García de la Concha [22]. La imposición —desde el año 1085— por parte de los cluniacenses, respaldados por el rey, del Rito romano en su variante depurada de la

---

[20]   O. B. Hardison, *Christian Rite and Christian Drama in the Middle Ages Essays in the Origin and Early History of Modern Drama,* Baltimore, John Hopkins University Press, 1965.

[21]   «Rito y popularismo en el teatro antiguo español», *Romanische Forschungen,* 89 (1977), pág. 4, nota 8, y pág. 6, notas 15 y 16.

[22]   «Dramatizaciones litúrgicas pascuales de Aragón y Castilla en la Edad Media», en *Homenaje a don José María Lacarra de Miguel, V,* Zaragoza, 1978, págs. 153-175.

Curia, fue vista por el pueblo como una amenaza cen-
tralista a sus viejos usos y costumbres, y, en definitiva,
a su propia identidad cultural. Los castellanos se opu-
sieron por ello durante siglos, con uñas y dientes —recuérdese la prueba de fuego a que son sometidos un
libro de la vieja liturgia hispánica y otro de la romana
con triunfo del primero [23]—, y, todavía en el siglo XIII,
habla Berceo de oraciones y ceremonias mozárabes
—el «comendón», por ejemplo [24]— conservadas junto
a los oficios de la liturgia romana. Como el pueblo,
además, no entiende lo que en los depurados textos de
ella se realiza [25], propende a escenificar los misterios
básicos relacionados con el Nacimiento, Muerte y Resurrección de Cristo.

El propio García de la Concha hace notar que, Donovan, declarando ceñir su atención a textos estrictamente litúrgicos, termina apoyándose en otras fuentes,
y principalmente en las *Consuetas* [26]. No podía ser de

---

[23]   Basta recordar, asimismo, la deliciosa parodia del *Tractatus de
reliquiis preciosorum martirum Albini et Rufini,* más conocida por
Garcineida. Véase sobre todo esto Francisco Rico, «Sobre las letras
latinas del siglo XII», en *Abaco,* 2, Madrid, Castalia, 1969, páginas 11-91.
[24]   Véase Daniel Devoto, «Tres notas sobre Berceo y la historia
eclesiática española», *Bulletin Hispanique,* 70 (1968), páginas 261-287.
[25]   El caso del «Clérigo ignorante», de Berceo, que decía todos los
días la Misa de la Virgen —«Salve Sancta Parens»— porque sólo
sabía ésa, no era, ni mucho menos, el único.
[26]   Llega a consultar 118 Breviarios y 18 Ordinarios. La aportación documental en este tipo de fuentes resulta, según sus pesquisas,
excepcional en Cataluña y paupérrima en Castilla y el Oeste peninsular. A esto hay que hacer dos precisiones inmediatas: 1) No deja de
llamar la atención el hecho de que sea precisamente en las zonas
rastreadas por fray Jaime Villanueva donde Donovan encuentra más
documentación. 2) No debe dejarse sin nota, porque es un hecho
histórico contrastado, la distinta suerte corrida por los archivos castellanos y catalanes: mientras éstos apenas si sufrieron daño alguno,
el fuego destruyó los de la catedral de Astorga y buena parte de los
de Zamora; la francesada incendió o expolió los fondos del archivo
de San Isidoro de León... Y a todo ello hay que sumar los efectos de
la Desamortización.

otro modo, porque, en tanto que los manuscritos de textos litúrgicos recogían los de las dramatizaciones con rúbricas escuetísimas o con simples señales del tipo de «tunc fit Sybilla», las *Consuetas* son, teatralmente, mucho más interesantes. En efecto, prescindiendo de los parlamentos —que se suponen de dominio común de clérigos, por ser muy limitados, breves y con escasas variantes—, las *Consuetas* —cuadernos de normas consuetudinarias, y de ahí el nombre de *Consueta:* lo que se acostumbra a hacer— se fijan de manera primordial en las descripciones y en la escenografía.

Sabemos que estos cuadernos existían en la mayor parte de las iglesias importantes hasta hace poco tiempo. Donovan, en cambio, no consulta más que cinco *Consuetas* castellanas [27], en las que, por cierto —y el dato me parece bien significativo—, se recogen dramatizaciones litúrgicas medievales. Parece excesivo pensar que ello se deba a una casual excepción.

Se impone, en consecuencia, abandonar posiciones de riguroso maximalismo —como la que supone no aceptar más prueba y evidencia que las de los propios textos en manuscritos de la época— y abrir el marco de la investigación. Convendría para ello revisar el concepto de teatro con el que se opera. En efecto, aun aceptando que, según Donovan señala, sólo se puede hablar de teatro en sentido estricto cuando una o varias personas encarnan el papel de otras, revestidas al efecto con los caracteres de las mismas, para entender el fenómeno en su conjunto sería útil ampliar el foco y atender también a otras ceremonias en las que el aprovechamiento de la connotación del espacio de un templo como espacio de dramatización —tal la cere-

---

[27] Añadiendo otros tipos de documentación litúrgica, como ceremoniales (9), ordinarios (4) y procesionales (2), consultados directamente o mencionados tan sólo por referencia bibliográfica, Donovan no registra en el área castellana más allá de una veintena de textos.

monia del Pendón en tiempo de Pasión, de la que hablaré más adelante— o de instrumentos simbólicos —pienso en la urna de la *Depositio* cuya descripción puntual veremos— las aproximan mucho al ámbito específico del teatro. Bastaría pensar, a este propósito, en el uso que el teatro moderno —Brecht, por ejemplo— hace de tales recursos.

De otro lado, debe, también, prestarse atención no sólo a textos de época sino, como sugiere García de la Concha, a aquellos conservados en Misales y otros libros litúrgicos posteriores que recogen referencias a ceremonias dramatizables con indicación específica de su venerable antigüedad. Y, junto a ellas y tal como ya Donovan recomendaba, a los libros de Fábrica o Cuentas, Actas Capitulares, etc., donde se hallan datos preciosos sobre aspectos de la realización material —compra de trajes, pago de salarios, etc.— de las dramatizaciones. Finalmente, deben contemplarse las normativas emanadas de Sínodos y Concilios que, con las debidas precauciones de interpretación, pueden facilitar, como veremos, preciosas indicaciones. De gran interés son en esta línea los hallazgos de Torroja Menéndez y Rivas Palá [28] acerca de representaciones toledanas, sobre todo después que Alberto Blecua ha demostrado que en la base del *Auto de la Pasión*, de Alonso del Campo, está la tradición de un *Auto* anónimo que pudiera arrancar de fines del siglo XIII [29]; los de José López Yepes [30] sobre la *Sibila* en la catedral de Córdoba, que enseguida

---

[28]   Carmen Torroja Menéndez y Carmen Rivas Palá, *Teatro en Toledo en el siglo XV: Auto de la Pasión de Alonso del Campo,* Anejo XXXV al *BRAE,* Madrid, 1977.

[29]   «Sobre el *Auto de la Pasión*», en *Homenaje a Eugenio Asensio,* Madrid, Gredos, 1989, págs. 79-112.

[30]   «Una representación de las Sibilas y un Planctus Passionis en el Ms. 80 de la Catedral de Córdoba: Aportaciones al estudio de los orígenes del teatro medieval castellano», *Revista de Archivos, Bibliotecas y Museos,* 80, 1977, págs. 545-567.

comentaré; los de Jesús Menéndez Peláez [31] sobre el
Teatro en Asturias; los de Víctor García de la Concha
sobre Palencia y Zaragoza [32], así como las aportaciones
que Ángel Gómez Moreno [33] y yo misma hemos reali-
zado a partir de la normativa conciliar y sinodal [34].

---

[31]   *El Teatro en Asturias (de la Edad Media al siglo XVIII)*, Gijón,
Ediciones Noriega, 1981.
[32]   Víctor García de la Concha, art. cit.
[33]   «Teatro religioso medieval en Ávila», *El Crotalón. Anuario de
Filología Española*, I, 1984, págs. 769-775; Ana María Álvarez Pellitero, «Aportaciones al estudio del Teatro medieval en España», *El
Crotalón. Anuario de Filología Española*, II, 1985, págs. 13-35.
[34]   Deben tenerse en cuenta, sin embargo, las cautelas interpre-
tativas que al respecto avanza Humberto López Morales en su artículo
«El Concilio de Valladolid de 1288 y el teatro medieval castellano»,
Boletín de la Academia Puertorriqueña de la Lengua Española, XIV
(1986), págs. 61-68.

II

TEATRO RELIGIOSO MEDIEVAL EN CASTILLA

DOS TIPOS BÁSICOS

Utilizo aquí Castilla, de manera convencional, para referirme a los territorios de habla castellana. Y hablo de teatro religioso englobando en esa denominación dos modalidades que ahora conviene ya distinguir: el teatro *litúrgico* y el teatro *sacro*. En tanto que merece esta calificación el que versa sobre un tema sagrado con independencia de sus modos de desarrollo, tiempo y lugar de representación, sólo puede atribuirse el título de *litúrgico* al teatro que se estructura sobre textos litúrgicos latinos —de la Misa o del Oficio Divino— y se desarrolla en el templo dentro de o en conexión con la celebración de éstos. Por extensión cabe asimilar al teatro *litúrgico* algunas escenificaciones que, sin articularse sobre textos de la Misa o del Oficio ni celebrarse durante los mismos o en conexión con ellos, adoptan un esquema análogo de carácter *paralitúrgico*.

1) *Teatro litúrgico o paralitúrgico*. De estructura dramática extremadamente sencilla, según ha podido verse en los *tropos* transcritos, ceñido al texto bíblico o litúrgico y sin concesiones a lo imaginativo, es común a toda el área románica, aunque con ligeras variantes ligadas a las distintas modalidades ceremoniales espe-

cíficas de un mismo rito[35]. Supuestas esa comunidad
básica y la radical sencillez, no debe apurarse, a mi
juicio, la argumentación que reclama textos específicos
concretos para admitir la existencia de ese teatro en el
ámbito castellano, siempre que, como creo que ocurre,
dispongamos de testimonios extrínsecos sobre la celebración.

Recuérdese que, como acabo de apuntar, Hardison ha
cuestionado la idea generalizada de que estas fórmulas
dramáticas tan simples —*tropos* y otras dramatizaciones litúrgicas o paralitúrgicas— sean las más antiguas
y que progresivamente se fueran complicando. Según
él, la dramatización litúrgica o paralitúrgica debió de
surgir en un proceso de depuración y concentración de
precedentes dramatizaciones populares[36].

2) *Teatro sacro.* Bien sea que, según la tesis posi-
tivista esbozada por Young y después generalizada,
supuesta la prioridad de la célula teatral litúrgica, el
texto, tan escueto, comenzara a resultar constrictivo y
la imaginación popular propendiera a desbordarlo, o
bien que, como supone Hardison, la versión popular
más compleja preexistiera, el caso es que nos hallamos
con otro grupo de representaciones cercanas a los *tropos* litúrgicos conservados, pero más desarrolladas. En
ese contexto se inscribe, a mi entender, el conocido
texto de las *Partidas* de Alfonso X el Sabio.

> Pero representación ay que pueden los clérigos fa-
> zer, así como la nascencia de Nuestro Señor Jesu
> Christo, en que muestra como el ángel vino a los pas-

---

[35] Un mismo *rito* —el romano, en concreto— es un esquema estructural de lecturas y acciones, pero puede admitir distintas realiza-
ciones de ceremonial. Todo a lo largo de la Edad Media el rito romano
conoció, de hecho, en los diversos lugares variantes ceremoniales y fue
en éstas donde germinaron las dramatizaciones litúrgicas.

[36] Además del estudio citado en la nota 20, véase «Gregorian
Easter Vespers and Early Liturgical Drama», en E. Catherine Dunn
y otros, eds., *The Medieval Drama and its Claudelian Revival*, Washington, 1970, págs. 27-37; págs. 198 y sigs., y 250 y sigs.

tores, e como les dixo como era Jesu Christo nacido. E otrosí de su aparición, como los tres Reyes Magos lo vinieron a adorar. E de su Resurrección, que muestra que fue crucificado e resucitado al tercer día; tales cosas como estas que mueven al ome a fazer bien e a aver devoción en la fe pueden las fazer [...]. Mas esto deven fazer apuestamente e con gran devoción, e en las ciudades grandes donde ovieran arzobispos e obispos, e con su mandado dellos, o de los otros que tovieran sus veces, e non lo deven fazer en las aldeas nin los lugares viles, nin por ganar dinero con ellos [37].

El hecho de que el tenor del texto coincida con un decreto de Inocencio III y con su glosa [38] puede, a lo más, resultar ambiguo, según se ha argumentado [39], en cuanto testimonio probatorio de que tales representaciones se hicieron en Castilla por entonces; pero de ningún modo invalida —y es lo que aquí nos importa— la prueba de la existencia de un esquema de representación navideña, claramente más amplio que el tan apretado de los *tropos* conocidos. Así, por ejemplo, en el del *Officium pastorum* sólo se aludía de modo indirecto al anuncio del ángel en el inciso «secundum sermonem angelicum»; en cambio, en el texto alfonsí se habla de una pauta dramática en la que se «muestra como el ángel vino a los pastores e como les dixo que era Jesu Christo nacido». En la misma línea, frente a la parquedad del *tropo* pascual de la *Visitatio Sepulchri* nos encontramos con una pieza en la que se «muestra que fue crucificado e resucitado al tercer día». El hecho, adicional, de que se limite la posibilidad de organizar las representaciones a los núcleos urbanos importantes indica la voluntad de conferir a éstas una cierta envergadura. La falta de otros testimonios no nos permite

---

[37]   *Partidas,* I, título VI, ley 35.
[38]   Young, *The Drama...,* II, págs. 416 y sigs.
[39]   Ronald E. Surtz, op. cit., pág. 12. Humberto López Morales anuncia un próximo artículo sobre el particular, que verá la luz en la *Revista de Filología Española.*

conocer en detalle el desarrollo escénico de esas pautas. Pero, teniendo en cuenta que el propósito de la norma es atajar los abusos profanos en las representaciones que se hacían en los templos, podemos conjeturar con toda justicia que la pauta que se proponía era de un desarrollo muy ceñido, aunque en romance, a la narración evangélica.

El período del gótico comportará un énfasis en el culto a la humanidad de Cristo y, como es lógico, la atención se centrará en los misterios del Nacimiento y la Pasión. Desempeñan un papel importante en ello los franciscanos que se esfuerzan en popularizar la instrucción religiosa del pueblo haciéndola accesible mediante comparaciones populares, ejemplos y dramatizaciones. Sobre estas últimas convergen dos líneas de fuerza que conviene tener presentes: el gusto por la alegorización y los símbolos y la incorporación masiva de elementos costumbristas populares.

La unión de estos dos últimos factores motiva un notable enriquecimiento de las representaciones en un proceso de barroquización progresiva que aprovecha elementos de los evangelios apócrifos junto con otros de procedencia devota. Las *Coplas pastoriles* de fray Íñigo de Mendoza que recojo en la Antología —en realidad, como veremos, un [*Auto pastoril navideño*]—, ejemplifican este tipo de dramatización.

CICLOS DEL TEATRO RELIGIOSO MEDIEVAL

1. *Ciclo de Navidad*

1.1. *La Sibila*

Un sermón falsamente atribuido a San Agustín [40] incorporado como lectura a los Maitines de Navidad,

---

[40]   Contra judaeos, paganos et arianos sermo de Symbolo, Migne, *Patrología latina*, 20, 1285-1290.

presenta, en prueba de la divinidad de Cristo, una sucesión de testimonios de personajes bíblicos —Isaías,
Jeremías, Daniel...—, históricos paganos —Nabuco-
donosor, Virgilio— y mitológicos, la Sibila. Esta última aparece allí recitando un formidable alegato:

> *Judicij signum: Tellus sudore madescet;*
> *e celo rex adveniet per secla futurus,*
> *scilicet in carne presens, ut iudicet orbem.*
> *Vnde Deum cernent incredulus atque fidelis*
> *Celsum cum sanctis, evi iam termino in ipso* [41].

Nada tiene de extraño que, dada su dramaticidad,
estos versos recibieran pronto el refuerzo del canto:
aparecen, de hecho, con notación musical en manuscritos de los siglos IX y X [42]. No está claro si esto significaba ya una representación o ésta surgió posteriormente desgajada, como parte más brillante, de una
precedente dramatización del conjunto de la lección
pseudo-agustiniana. En España no se documentan representaciones del *Ordo Prophetarum*, muy extendido
en Europa [43]; al hilo de la lección del Oficio iban apa-
reciendo en escena, de manera muy elemental, los distintos personajes mencionados. Sí alcanzó, en cambio,
progresivo desarrollo a lo largo de la Edad Media en
España la representación de la Sibila.

Un primer testimonio, en catalán, hallado en la pa-
rroquia de San Andrés de Torn, fue publicado por Luis
Costáns, que lo data hacia 1260 [44]. Es muy probable que

---

[41]   En Young, *The Drama*..., I, pág. 150.
[42]   Solange Corbin, «Le Cantus Sibyllae: Origines et premiers
textes», *Revue de Musicologie,* 31 (1952), págs. 1-10. En España el
más antiguo es el de Ripoll (s. X) al que sigue otro manuscrito —hoy
en Córdoba— copiado en Burgos en el mismo siglo y al que se añadió
música en el siglo XI.
[43]   Véase Karl Young, *The Drama*..., II, págs. 125-171; Giusseppe
Catureli, *Il culto di Sibila nella legenda e nella storia,* Pisa, 1970.
[44]   Luis Costáns, «Un *Dies Irae* en romance catalán del siglo XIII»,
Cuadernos del Centro de Estudios Comarcales de Bañolas, agosto
1948, págs. 7-11.

en el área castellana se realizase también por las mismas fechas la representación. Así parece confirmarlo la referencia de Alfonso X el Sabio en la *General Estoria*[45] y la versión lírica de su Cantiga 422[46]. Dejando a un lado las versiones castellanas no dramatizadas del Canto de la Sibila[47], la primera alusión a una celebración de la Sibila en el área castellana aparece referida a Toledo, en un manuscrito del siglo XV[48], que, sin embargo, no aclara si se cantaba en castellano o en latín. Hacia 1765, el canónigo toledano Felipe Fernández Vallejo recoge en sus *Memorias*[49] una versión castellana de la Sibila aclarando que se trata de «una ceremonia antiquísima y venerable, que en lo substancial no ha padecido alteración». Supone que viene de fines del siglo XIII o de principios del XIV y la describe así:

> En nuestra Santa Iglesia la noche de la Natividad de nuestro Señor Jesuchristo, concluido el himno *Te Deum laudamus*, sale de la Sacristía un Seise vestido a la Oriental representando a la Sybila Herophila, o Eritrea. Acompáñanle quatro Colegiales Infantes: dos que con albas, estolones, guirnaldas en la cabeza, y espadas desnudas en la mano dicen hacer papeles de Angeles, y otros dos con las ropas comunes de Coro, y con el fin de

[45]   Ed. de Antonio G. Solalinde, Madrid, 1930, I, pág. 86a.
[46]   «Esta XXII é de como Santa Maria rogue por nos a seu Fillo eno dia do Juizio», en *Cantigas de Santa María,* ed. de Walter Mettmann, Coimbra, Universidad, 1961, II, págs. 400-402.
[47]   Higinio Anglés cita un fragmento de un Cantoral cuatrocentista de Silos, procedente de un convento de monjas de Cuenca, y otra versión del manuscrito 7-1-28 de la Biblioteca Colombia (fols. 104v y 105). *(La musica a Catalunya fins al segle XIII,* Barcelona, Institut d'Estudis Catalans-Biblioteca de Catalunya, 1935, págs. 298 y 415.)
[48]   Donovan, op. cit., pág. 46.
[49]   *Memorias i disertaciones que podrán servir al que escriba la historia de la iglesia de Toledo desde el año MLXXXV en que conquistó dicha cidad el rei don Alonso VI de Castilla* (Ms. de la Biblioteca de la R. A. de la Historia). La parte que interesa al estudio de los orígenes de nuestro teatro ha sido editada y estudiada por Joseph Gillet en «The *Memorias* of Felipe Fernández Vallejo and the History of the Early Spanish Drama», en *Essays and Studies in Honor of Carleton Brown,* Nueva York, 1940, páginas 264-280.

que por las hachas encendidas que llevan sean más visibles los tres Personajes. Suben todos cinco a un Tablado que esta prevenido al lado del pulpito del Evangelio y [...] esperan se concluyan los Maytines, y principia la Sybila a cantar las siguientes coplas:

SYBILA.— Quantos aqui sois juntados
        ruegoos por Dios verdadero
        que oigais del dia postrimero
        quando seremos juzgados.
        Del Cielo de las Alturas
        un Rey vendra perdurable
        con poder muy espantable
        a juzgar las criaturas.

Haora los Angeles que han tenido las Espadas levantadas, las esgrimen, y la Música canta en el Coro:

CORO.— Juicio fuerte
        sera dado
        cruel y de muerte.

SYBILA.— Trompetas, y sones tristes
        diran de lo alto del cielo
        levantaos muertos del suelo
        recivireis segun hizistis.
        Descubrirse han los pecados
        sin que ninguno los hable
        a la pena perdurable
        do iran los tristes culpados.

CORO.— Juicio fuerte
        sera dado
        cruel y de muerte.

SYBILA.— A la Virgen supliquemos
        que antes de aqueste litijo
        interceda con su hijo
        porque todos nos salvemos.

CORO.— Juicio fuerte
        sera dado
        cruel, y de muerte.

Concluido todo esto, bajan todos del Tablado y dando una buelta por dentro del Coro se van [50].

---

[50] En Gillet, op. cit., págs. 273 y sigs.

Tal como lo transmite Fernández Vallejo, el texto no remonta el siglo XVI [51], pero teniendo en cuenta los datos que acabo de ordenar, y que, como enseguida veremos, un texto castellano del *Officium pastorum* puede ser datado en Toledo en el siglo XIII, es más que lícito conjeturar para el texto toledano de la Sibila una antigüedad cercana, por lo menos, a esa época que testimonia Alfonso el Sabio.

Un caso más problemático ofrece una supuesta Representación de la Sibila, que, según López Yepes, documenta un manuscrito de la catedral de Córdoba de comienzos del XV. Apareció éste reseñado con el número 80 en el *Catálogo de los Manuscritos* de la misma, como una miscelánea, en la que, «en la guarda VI se encuentra un diálogo de las Sibilas sobre el nacimiento de Cristo, en castellano y latín». López Yepes, tras consultar a varios paleógrafos, concluye que el texto de ese diálogo es de fines del XIV o comienzos del XV y que «puede considerarse, sin duda, una variante del *Ordo Prophetarum*, cada vez más separado de la liturgia, y que puede haber desembocado en un específico *Ordo Sybillarum*» [52]. El tenor del texto es bastante peculiar, con mezcla de castellano y latín:

[Representación de las Sibilas]

SIBILLA [¿TIBURTINA?].— Nasçera Christus in bellem e sea denunçiado en Vngaria regente tauro pacifico / bien aventurada madre cuyas tetas le daran leche.

---

[51]   Lázaro Carreter señala, en concreto, que «la voz litijo, garantizada por la rima, nos remite tal vez a la época de Torres Naharro» (op. cit., pág. 31). Otra versión recogida en un manuscrito toledano de 1585 —hoy en la Biblioteca de la Hispanic Society of America— presenta algunas variantes: repite el Coro después de cada redondilla y pone: *juicio fuerte/ será dado/ y muy cruel muerte*. Restituye la rima *hecistes* en la tercera redondilla y en el último verso de la cuarta escribe, con mejor sentido: *serán dados los dannados*. Mantiene, en cambio, *letigio* contra la exigencia de la rima. Véase el texto reproducido en Lázaro Carreter, pág. 90.

[52]   Art. cit., pág. 564.

SIBILLA ERITEA [¿ORITEA?].— Del muy alto habi-
taculo celeste acato Dios los sus homildes, e nascera /
de la Virgem el Fijo en la cuna de la tierra en los pos-
trimeros días.

SIBILLA DELFICA.— Nascera el propheta de la Virgen sin ayuntamiento de varon.

SIBILLA FRIGIA.—Flagelara Dios a los poderosos de
la tierra e el Alto verna del çielo e / sera denunçiada la
Virgen en los valles de los desiertos.

SIBILLA LIBICA.— Ecce verna el dia e alumbrara el
Señor las cosas ebscuras e desatarse am / los ligamien-
tos de la Signaguoga e dexarse am [¿devorarse am?] los
labrios de los onbres.

SEBILLA DE PERSIA.— Ahe o bestia seras follada e
sera aumentada en el mundo e del gremio de la / Virgem
la salud de la gente sera.

SEBILLA CUMANA.—En la ultima hedat de los siglos
nasçera la ordem del mundo tu / señala este ninno que
a de nasçer.

SEBILLA AGRIPINA.— Circumdabit alvus maternus
et flebit Deus et leticia sempiterna.

SEBILLA ERUPIA.— Veniet ille et dominabitur
quousque de utero Virginis fuerit egressus.

SEBILLA SANA.— Ecce veniet dives de paupercula
et bestie terrarum adorabunt eum.

SEBILLA DESPONTICA.—Jhesuschristus nascetur de
casta.

López Yepes no afirma que de hecho se representase,
pero su estudio da pie a que otros historiadores lo concluyan [53]. Todo esto ha sido cuestionado por Feliciano
Delgado [54], según el cual nos encontramos ante un
cuaderno facticio de un estudiante de Salamanca que
copia apuntes gramaticales de distinta procedencia,

---

    [53]   Así, Alan Deyermond en el volumen I de *Historia y Crítica de
la Literatura Española,* Barcelona, Crítica, 1980, pág. 452.
    [54]   «Las profecías de Sibilas en el Ms. 80 de la Catedral de Cór-
doba y los orígenes del teatro nacional», *Revista de Filología
Española,* LXVII (1987), págs. 77-87.

versos escolares latinos sobre temas varios [55], «y en la última hoja del último cuadernillo, no en la guarda, que podría indicar que no pertenece al manuscrito original, con letra pequeñísima, menos cuidada que la del texto [...] aparece el texto de las sibilas». La ausencia de cualquier mención al contexto litúrgico lleva a Delgado a suponer que se trata de «un entretenimiento escolar [de un becario cordobés estudiante en Salamanca] que traduce profecías puestas en boca de cada sibila y que, cuando se cansa de traducir, copia el texto latino que tiene delante. Éste no sería otro que el recogido por Philippus de Barberiis en su *Discordantie sanctorum doctorum Hieronymi et Agustini et alia opuscula* (Roma, 1481), que es el único que enumera diez Sibilas y recoge los nombres de las Sibilas Erupia [quizá Europa] y Agripa, por cierto también recogidos —y es nuevo indicio salmantino— por Juan del Encina en el poema de «la Natividad de Nuestro Redentor», que incluye en su *Cancionero* de 1496.

¿Qué decir? Los argumentos externos aducidos por Delgado parecen, desde luego, de peso. No resulta, en cambio, concluyente el análisis interno de la colación de textos. En efecto, si se trata de una traducción escolar sobre el concreto texto de Barberiis no se explica por qué traduce sólo los parlamentos y no las descripciones que, en cambio, incorpora Juan del Encina. Pero aun cuando esto se justificara diciendo que el escolar atiende sólo a lo principal, no se ve por qué tampoco traduce enteros los parlamentos sino sólo partes sustanciales: así, por ejemplo, mientras que la traducción de las palabras de las Sibilas Tiburtina y Délfica es literal y casi literal las de las Sibilas Frigia y Persia, es sólo parcial las de la Sibila Líbica. Por último, difícilmente se en-

---

[55]   Unos de ellos, de carácter goliardesco, referidos a Salamanca —«Urbs Salmantica te afundunt trina / bella repentina, meretrices et mala vina»— son los que, junto a algunos otros indicios, llevan a Delgado a sospechar el origen salmantino.

tienden en una supuesta traducción escolar las radicales discrepancias que se registran entre el texto cordobés y el de Barberiis en los casos de las Sibilas Eritrea y Cumana, completamente distinta, ni, lo que es más significativo, que, cuando conserva el latín, el manuscrito cordobés opere una radical selección en el caso de las Sibilas Agripina y Samia y se aparte totalmente en el de las Sibilas Erupia y Despontica.

Todas estas variaciones y diferencias —demasiadas, en verdad, para un ejercicio de traducción— cobran todavía mayor relieve significativo si se las compara con la fidelidad con que, aun condensado, se ciñe Encina al texto de Barberiis. Abandonando, pues, posiciones maximalistas, y sin construir castillos en el aire, cabe decir que nos encontramos ante un texto que registra, a modo de apuntes, el núcleo esencial de las intervenciones de las Sibilas con una constante estructural muy clara: una frase corta, de fácil memorización, que bien podría corresponder a una intervención muy breve en un desfile de Sibilas, en un *Ordo Sybillarum*. No afirmo con esto una representación de hecho. Anoto simplemente el interés del manuscrito en cuanto prueba de una popularidad de las Sibilas a finales del siglo XIV o comienzos del XV, que halla también un reflejo significativo en el hecho de esa anotación híbrida latina y castellana. Sin forzar el argumento, conviene recordar en este punto la costumbre popular de mezclar latines y romance, que el teatro del primer Renacimiento incorporará de continuo.

1.2. *Officium pastorum*

El primer testimonio de *tropo* litúrgico del *Officium pastorum* al oeste de Cataluña nos lo ofrece un tropario de Huesca de fines del siglo XI o comienzos del XII. Sigue la pauta del ya transcrito y podemos conjeturar para él idéntica escenificación.

Apoyándose en un manuscrito de Juan Chaves de

Arcayos, racionero de la catedral de Toledo entre 1584 y 1643, Fernández Vallejo documenta, con clara redacción normativa de *Consueta*, esta representación que se hacía la noche de Navidad:

Desde el principio de la Misa salen del Sagrario los Clerizones vestidos de Pastores, y van al Altar mayor por el Postigo, y están arriba en lo plano mientras se dice esta Misa danzando y bailando: y acabada la Misa toman Capas los dichos dos Socapiscoles racioneros para hacer el Oficio de las Laudes, que se empiezan luego en el Coro, a las que habrá tañido el campanero, según es costumbre, por la señal que le hizieron, quando se dixere el Hymno *Te Deum laudamus*, con la cuerda del coro: y dicho por el Preste: *Deus in adjutorium,* desde su silla, se empieza primero la primera antiphona, que es: *Quem vidistis Pastores:* y la dicen toda, y luego los Clerizontes hechos Pastores ministrandolos su Maestro Claustrero dicen en el Choro mayor debajo de la Lampara de plata a Canto-llano el verso *Infantem vidimus Pannis involutum, et Choros Angelorum laudantes salvatorem,* y tornan en el Choro a decir toda la Antiphona: *Quem vidistis?* y los Pastores responden entre los dos Choros debajo de la Lampara de enmedio el verso *Infantem vidimus* ut supra, y despues dicen en el Choro tercera vez toda la Antiphona *Quem vidistis?* y responden los Pastores desde la Puerta del Coro del Arzobispo el verso *Infantem,* y luego salen los Socaspicoles con las Capas de brocado, y Cetros, y llegan a los lados del Aguila del Choro del Arzobispo, y allí los Cantores a Canto-llano les hacen las preguntas siguientes, y los Capiscoles asen de las manos a dos de aquellos Pastorcicos, y les preguntan juntamente con los cantores lo siguiente:

CANTO-*llanistas.*—Bien vengades Pastores,
que bien vengades.
Pastores do anduvistes?
decidnos lo que vistes?
CANTORES.—Que bien vengades.
CANTO-*llanistas.*—Pastores del ganado,
decidnos buen mandado.

CANTORES.—Que bien vengades.
MELÓDICOS.—Vimos que en Bethlen Señores
              nascio la flor de las flores.
CANTORES.—Que bien vengades.
MELÓDICOS.—Esta flor que hoy ha nascido
              nos dara fruto de vida.
CANTORES.—Que bien vengades.
MELÓDICOS.—Es un Niño, y Rey del Cielo
              que hoy ha nascido en el suelo.
CANTORES.—Que bien vengades.
MELÓDICOS.—Esta entre dos animales
              embuelto en pobres panales.
CANTORES.—Que bien vengades.
MELÓDICOS.—Virgen y limpia quedo
              la madre que le pario.
CANTORES.—Que bien vengades.
MELÓDICOS.—Al Hijo, y Madre roguemos
              les plega que nos salvemos.
CANTORES.—Que bien vengades [56].

Conviene notar varias cosas. Ante todo, que no debe confundirse, como a veces ocurre, con el *tropo* del *Quem quaeritis* que, según queda dicho, se celebraba inmediatamente antes de la Misa y terminaba enlazando con ella. Esta otra Representación se inserta en el Oficio Divino de los *Laudes*, aprovechando la pauta de la primera antífona:

> —*Quem vidistis, pastores?*, *dicite*
> —*Infantem vidimus pannis involutum et choros angelorum laudantes Salvatorem.*

Con un esquema literario muy propio de la liturgia —recuérdese, por ejemplo, el descubrimiento de la Cruz en los Oficios del Viernes Santo—, se va repitiendo el diálogo hasta dar paso a otro diálogo, romance, que se establece, al retorno de los pastores de Belén,

---

[56] En Joseph Gillet, art. cit., págs. 276-277. El mismo ms. toledano cit. en la nota 51 corrige, con acierto, en el v. 12: *esta flor que oy es nasçida*. Coincide en lo demás.

entre éstos y sus compañeros, según lo cuenta San Lucas en el Evangelio (Lucas, 2, 20).

¿De cuándo data? Fernández Vallejo supone que del siglo XIII. Un breviario toledano del XIV alude a esta Representación pastoril aunque sin mencionar los versos castellanos. Analizando una serie de rasgos arcaicos, Lázaro Carreter no duda en aproximar la fecha a la sugerida por Fernández Vallejo. Especialmente significativa resulta a este propósito la versificación en dísticos heptasilábicos y octosilábicos y el pareado; se trata de una forma habitual de los poetas latinos medievales, de los provenzales y los franceses, en poemas narrativos y representaciones dramáticas, que en Castilla es adoptada en obras como *Razón de Amor*, *Elena y María*, *Santa María Egipcíaca*, el *Libro de la Infancia de Jesús* y, sobre todo, en la *Representación de los Reyes Magos*.

Estaríamos, según eso, en plena época alfonsí y la pieza vendría a documentar muy bien esa forma amplificada en relación con la escueta del *tropo*. Hasta podemos imaginarnos los abusos a los que se prestaba la presencia durante la Misa de los pastores «danzando y bailando». Y no debe dejar de contemplarse esta pieza cuando se duda en atribuir valor testimonial de hecho al texto de las *Partidas*. En efecto, si en el siglo XIII en la catedral de Toledo se celebraba esta Representación —lengua romance tal vez incluida—, ¿qué obstáculo hay para admitir que pudiera también hacerse la del anuncio del ángel a los pastores? Creo, según eso, que el *Officium pastorum* tuvo en su desarrollo total tres formas y/o tiempos:

> *a)* El anuncio del ángel a los pastores y la discusión de éstos sobre si ir y cómo ir a Belén, aludido en las *Partidas*.
>
> *b)* La adoración propiamente dicha, sobre la que se articula el *tropo Quem quaeritis*.
>
> *c)* El diálogo con los otros pastores al retorno de Belén del que es muestra esta pieza toledana.

Todo ello será integrado en los autos pastoriles del siglo XV, de los que me parece muestra cumplida el contenido en las "Coplas pastoriles" de fray Íñigo de Mendoza, que explico y recojo en la Antología. Su pervivencia llega a nuestros días en las Pastoradas leonesas [57] y de otras regiones.

1.3. *Ordo Stellae*

No conservamos en España textos referentes a este ciclo que nos permitan seguir la evolución apuntada en el *Officium pastorum* del que el *Ordo Stellae* fue análogo en toda la Romania. Podemos, sin embargo, pensar que el *Auto o Representación de los Reyes Magos*, de que más adelante nos acuparemos expresamente, no pudo nacer en el vacío; quiero decir que, con independencia de su origen autóctono o gascón, no es imaginable su implantación toledana si no había un ambiente que facilitara su asimilación. El *Ordo Stellae* se centraba en la adoración de los Reyes, guiados por la estrella. En la crónica del condestable Miguel Lucas de Iranzo, ya en el siglo XV, se documenta [58] la realización cortesana de la dramatización. Pero acaso resulten más significativos los vestigios que en la misma área leonesa de las Pastoradas se conservan y que incluyen la escenografía de la estrella precediendo a los Reyes hasta el altar.

2. *Ciclo de Pascua*

Su centro se sitúa, de acuerdo con la liturgia, en el Triduo Sacro —Jueves Santo, Viernes Santo y Domingo de Resurrección—, pero la celebración viene pre-

---

[57]   Véase para el tema Maximiano Trapero, *La pastorada leonesa,* Madrid, Sociedad Española de Musicología, 1982.

[58]   Pedro de Escavias, *Hechos del condestable Don Miguel Lucas de Iranzo,* ed. de Juan de Mata Carriazo, Madrid, 1940, pág. 138.

parada por una serie de ceremonias que, si no pueden ser consideradas como teatro propiamente dicho, sí incluyen muchos elementos de dramatización, escenográficos y de acción. Como tales hemos de considerar, por ejemplo, la Procesión del Pendón que recorría las naves de muchas catedrales castellanas el Domingo de Pasión, o, más cercanamente, la ceremonia de los ramos que, sobre el esquema de la liturgia romana conservada hasta el Concilio Vaticano II, aprovechaba los extramuros de las ciudades para escenificar, simbólicamente, el ingreso de Jesús en Jerusalén.

Ya en el Triduo Sacro, en el ámbito litúrgico la dramatización se centra primero en la escenificación del Entierro de Cristo y su Resurrección. García de la Concha ha publicado [59] la normativa de una Procesión de la Resurrección que ofrece un *Consuetudinario* de la catedral de Palencia, redactado en la primera mitad del siglo XV pero que recoge tradiciones muy anteriores. Apoyándose en ella, puede hacerse, con todo rigor, esta reconstrucción: el Viernes Santo, después de la Misa de presantificados se celebraba la dramatización de la *Depositio* o Entierro de Cristo. En un arca, portada sobre «andas ricamente entoldadas con sus brocados, se encerraba una custodia en cuyo viril iba la Santa Hostia». No se nos indican los cantos, pero podemos conjeturarlos por la descripción más detallada que hace un misal bracarense. Cantores y coros se alternan en lamentos:

> CANTORES.—«Heu, Heu, Domine! Heu, Heu, Salvator noster!
> CORO.—«Heu, Heu, Domine! Heu, Heu, Salvator noster!
> CANTORES.—Pupili facti sumus absque Patre. Mater nostra vidua.
> CORO.—«Heu, Heu...

---

[59]   Art. cit., págs. 164 y sigs.

Llegados al altar mayor, se deposita el arca tapando la entrada con el velo morado cuaresmal.

> El domingo, de madrugada, se dirigen todos al altar mayor: «y antes que el preste muestre el Sacramento o se vuelva al pueblo, comience el diácono [la antífona:] "Surrexit Dominus del Sepulcro" y responda el coro hasta acabar la antífona. Y, acabada, torne otra vez el diácono a decir "Surrexit Dominus" y acábela el coro; y para la tercera vez que se ha de decir la dicha antífona, esté vuelto el preste con el sacramento cara al pueblo y, en diciendo el diácono "Surrexit Dominus", derriben el velo y responda el coro, y allí adoren todos al Señor y comiencen en el coro "Te Deum Laudamus" y salgan los señores en procesión...».

Estas dramatizaciones son, de suyo, independientes de los *tropos* litúrgicos de la *Visitatio Sepulchri*. Los más antiguos que conocemos en la Península, se encuentran en dos viejos manuscritos pertenecientes al monasterio de Silos —hoy en el British Museum—, que fueron recogidos ya por Lange, y, posteriormente, publicados por Young [60] en 1933. Ambos Breviarios contienen una *Visitatio*. El segundo presenta la particularidad de ir acompañado de notación musical mozárabe y de ofrecer, respecto al primero, algunas ampliaciones de rúbrica. He de reseñar que en ningún manuscrito de Silos posterior a los Breviarios del siglo XI, ni en Breviarios de otros monasterios castellanos del XII, vuelve a encontrarse mención de tal ceremonia. Sí se halla, sin embargo, el mismo tipo de dramatización simple de esta ceremonia, en el siglo XII, en un tropo compostelano descubierto en el famoso códice calixtino por el padre Germán Prado. La evidencia de su representación la facilita un manuscrito del siglo XV, que contiene exactamente la misma dramatización litúrgica y proporciona directrices para su escenificación. En el folio 94,

---

[60]   *The Drama...*, I, pág. 577.

después del tercer responsorio de Maitines, se encuentra el siguiente texto:

> Responsorium, *Dum transisset sabbatum*. Hic tres pueri in similitudine mulierum induti uestimentis candidis peragant de choro usque ad altare unus post unum blande cantantes hanc antiphonam:
> Ubi est Christus meus, Dominus, et filius excelsi? Eamus uidere sepulcrum.
> Alius puer stans retro altare in similitudine angeli indutus uestimentis candidis, dicat hanc antiphonam:
> Quem queritis in sepulcro, o Cristicole?
> Et mulieres respondeant blande antiphonam:
> Jhesum Nazarenum crucifixum, o celicole.
> Et angelus antiphonam:
> Surrexit, non est hic sicut predixerat. Ite nunciate quia surrexit.
> Et mulieres eodem modo quo ante venerunt, dicant alta voce cantantes redeundo antiphonam:
> Alleluia, ad sepulcrum residens angelus nunciat resurrexisse Christum.
> Te Deum laudamus.

Esta *Visitatio Sepulchri* presenta escenas dramáticas inusuales. La antífona que abre el canto de las tres Marías, *Ubi est Christus meus,* aparece en muy pocos textos de dramatizaciones pascuales. Young da noticia de otros tres lugares en que esa antífona forma parte de la representación: Saint Martial de Limoges, Ripoll y Poitiers. Por tanto, la influencia gala, defendida por algunos críticos, en el tropo compostelano no sería directa, sino a través de la catalana, centrada en dicho monasterio. Me interesa reseñar que tal influencia o la italiana en los tropos de Silos [61], no hacen sino evidenciar la propagación de las dramatizaciones litúrgicas en todo el ámbito europeo.

No hay que descartar, aun cuando he señalado su independencia de las dramatizaciones anteriormente

---

[61] Véase mi artículo «Aportaciones...», pág. 27.

reseñadas, la conexión de la *Visitatio Sepulchri* con las mismas. De hecho, el Sínodo de Cuéllar (Segovia) de 1325, que ha sido considerado, en su vertiente histórica, como «el primer catecismo amplio escrito en romance»[62], incluye esta norma:

> «Otrosí en las iglesias non se deven fazer juegos sinon de las fiestas, así como de las Marias e del monumento, pero an de catar los clerigos que por tales juegos non [dis]trayan el divinal oficio» (fol. 50r).

El precepto alude claramente a la necesidad de que lo que se representa guarde conexión con la fiesta que se celebra y pone como ejemplo la dramatización de las Marías, que no puede ser otra que la *Visitatio*. La novedad viene sugerida por ese «e del monumento» que bien pudiera aludir a una escenificación plenamente teatral, con ángeles, Marías y no el altar sino el arca —sepulcro de la *Depositio*[63].

Estudiando Misales de comienzos del siglo XV, García de la Concha ha documentado, en uno de la iglesia del Pilar de Zaragoza (1422), cómo la *Visitatio*, conservando su propia estructura, el texto del diálogo y las indicaciones de posición, pierde toda su fuerza dramática al ser simplemente reducida al canto alternativo de dos clérigos que están junto al altar y dos que se sitúan en el coro[64]. Del teatro se ha pasado ya ahí —de manera casi imperceptible— a lo estrictamente litúrgico. Ello indica la levedad del componente específicamente dramático de las representaciones litúrgicas y paralitúrgicas, producto de la tendencia natural de toda liturgia a la decantación y fijación ritualizada, en tanto que el teatro sacro —más si de raigambre popu-

---

[62]   José Luis Martín, «El Sínodo diocesano de Cuéllar (1325)», en *Economía y Sociedad en los reinos hispánicos de la Baja Edad Media*, II, Barcelona, El Albir, 1983.

[63]   Explico esto con más detalle en mi artículo «Aportaciones...», págs. 25-29.

[64]   Art. cit., pág. 171.

lar— propende a la amplificación, que, a su vez, conlleva el peligro de excesos.

Al margen de que espectáculos profanos asedien de continuo el espacio de las iglesias —las advertencias de Concilios y Sínodos, por más que se copien mutuamente, no se repetirían si no hubiera una base de referencia—, dentro ya del teatro religioso se produjo una constante interacción entre el drama sacro y el litúrgico o paralitúrgico. Así lo prueba, por ejemplo, un análisis del teatro de Lucas Fernández y Juan del Encina [65], de Gil Vicente [66] o de Diego Sánchez de Badajoz [67] donde aparecen utilizados a cada paso elementos de las dramatizaciones litúrgicas o paralitúrgicas.

La documentación toledana exhumada por Torroja y Rivas refleja una abundancia de representaciones sacras de Pasión. En abril de 1425 se hicieron pagos, en concreto, por cinco varas y media «de lienço rrastellado blanco que se compró para el paño que se puso el viernes de indulençias al Jhesu quando se fizieron las Marías de la Pasión» [68]. ¿En qué consistirían esas Marías de la Pasión? Alberto Blecua [69] supone que son las de la *Visitatio Sepulchri* y sospecha que ésta debía de formar parte de una representación más extensa de la Pasión, del tipo de la aludida por Alfonso Martínez de Toledo en su *Arcipreste de Talavera:* «representación fazen de la Pasyón al Carmen» [70]. No lo creo. El Jhesu a que se alude era, sin duda, una imagen de bulto y debía ser un

---

[65] Véase García de la Concha, art. cit., págs. 155 y sig.; Alfredo Hermenegildo, *Renacimiento, teatro y sociedad. Vida y obras de Lucas Fernández,* Madrid, 1975.

[66] Stephen Reckert, *Espiritu e letra de Gil Vicente,* Lisboa, Impresa Nacional-Casa da Moneda, 1983.

[67] Miguel Ángel Pérez Priego, *El teatro de Diego Sánchez de Badajoz,* Cáceres, Universidad de Extremadura, 1982.

[68] *Teatro en Toledo,* pág. 36, nota 64.

[69] «Sobre la autoría del *Auto de la Pasión»,* cit., pág. 110.

[70] Edición de Joaquín González Muela, Madrid, Castalia, 1970, pág. 159.

crucificado —al que todavía hoy se suele poner en las ceremonias y procesiones un velo blanco anudado a la cruz— o un Cristo yacente al que a veces se le incrustaba una «teca»-viril para colocar la Sagrada Hostia en una ceremonia de *Depositio*. Nótese, además, que se habla de Marías *de la Pasión* y que la dramatización tiene lugar el viernes de «indulgencias» hoy llamado de Pasión, y no el día de la Resurrección que es cuando tenía lugar la *Visitatio Sepulchri*.

Aduzco aquí este último dato para confirmar la simultaneidad de desarrollo del teatro por sus dos cauces —intercomunicados— de teatro litúrgico o paralitúrgico y teatro sacro. A partir de aquí podremos ya analizar, más adelante y siguiendo un orden cronológico, los textos que de teatro castellano se han conservado.

III

TEATRO PROFANO

DEL ESPECTÁCULO JUGLARESCO
A LAS REPRESENTACIONES CORTESANAS

Más arriba, al exponer las dos teorías básicas sobre los orígenes del teatro, me he referido ya a la potencial dimensión dramática de la actividad de los juglares. Si, como documentan los escasos testimonios conservados, ésta constituía lo que hoy llamaríamos un *show*, cabe perfectamente imaginar que en ella no faltarían elementales *ludi theatrales* y que sus recitaciones —como Dámaso Alonso apuntó en referencia a la épica— se situaban «a medio camino entre ser narrativa y ser dramática». Utilizo el término latino, *ludi theatrales*, por ser el que aparece en los documentos conciliares y sinodales que los prohíben en las iglesias, con una insistencia que, por más que se rebaje su valor en proporción a la reiteración de fórmulas que parecen estereotipadas [71], indica que se celebraban, en tradición ininterrumpida, desde muy antiguo.

Poco, o nada, podemos, sin embargo, añadir respecto

---

[71] Digo *parecen* porque, como Ángel Gómez Moreno ha señalado, bastan a veces pequeñas variantes textuales para revelar que no nos hallamos ante un tópico, sino frente a una norma relacionada con una realidad bien concreta («Teatro religioso medieval en Ávila», cit., págs. 773 y sig.).

de las modalidades de tales representaciones efectuadas en las plazas o infiltradas en las iglesias. El Concilio de Aranda habla, en 1473, no sólo de *ludi theatrales* sino de «larvae, monstra, spectacula...»; esto es, de máscaras o mojigangas, de monstruos o portentos y de otros espectáculos diversos [72]. Si aquéllos son fácilmente imaginables [73], no podemos conceder a los «monstra» mucho más que la referencia a figuras grotescas o de animales. Pero ahí apunta otra línea de elementos escenográficos que va a ir alcanzando, de manera progresiva, desarrollo dramático autónomo. Hablo de los entremeses.

ENTREMESES PROCESIONALES Y CORTESANOS

Las crónicas medievales recogen, con todo lujo de detalles, las escenificaciones organizadas con motivo de los fastos regios. Así, la de Muntaner da cuenta de cómo cuando Jaime I visita Aragón después de la conquista de Valencia (1238), en los pueblos por donde pasaba se organizaban «bailes, juegos [74] y solaces diversos». En la coronación de Alfonso III (1286) en Zaragoza, el almirante mandó alzar un gran escenario sobre el que se desarrolló una batalla naval... con naranjas traídas de Valencia. Un siglo más tarde, con

---

[72] Véase Francisco Mendoza Díaz-Maroto, «El Concilio de Aranda (1473) y el teatro medieval castellano», *Criticón*, 26 (1984), páginas 5-15.

[73] El Sínodo de Ávila dice, condenándolo, en 1481, que en las iglesias, durante la Misa y los Oficios Divinos, «salen e acostumbran fazer zaharrones e vestir ábitos contrarios a su professión los omnes, trayendo vestiduras de mugeres e de frayles e de otros diversos ábitos, e pónense otras caras de las que Nuestro señor les quiso dar, faziéndose homarraches...» (véase Ángel Gómez Moreno, art. cit., pág. 770).

[74] Con este término se designaban también en la Edad Media los espectáculos teatrales. Véase J. Heers, *Fêtes, jeux et joutes dans les societes d'Occident a la fin du Moyen Age,* Montreal, Institut d'Études Medievales, 1971.

motivo de la coronación de la reina doña Sibila, según
cuenta el *Dietario de la Ciudad*, en pleno banquete

> «fou aportat... un bell entremés, so es un bell pagó que
> feya la roda e estave en un bell bastiment en torn del
> qual havía molta bolatería cuyta cuberta de panys dor
> e dargent e aquest pagó fou servit for altament e pre-
> sentat a la taula de la dita senyora ab molts estruments
> axi de corda com d'altres, e venien apart devan lo ma-
> yordom e cavallers e donsells, e lo dit entremes portave
> en sos pits una cobla escrita qui deya axi: "A vos sua
> do senyora de valor/al present jorn per vostra gran ho-
> nor..."» [75].

Es la primera vez que se documenta el término *entremés* derivado de *intermissus* o de «entre mes [hoy
mets: plato, servicio]» con la significación todavía de
manjar adornado y presentado de modo caballeresco [76].
De manera paulatina se fueron enriqueciendo los elementos escenográficos y las ceremonias y, al tiempo, la
significación del vocablo se fue desplazando hacia el
conjunto de la dramatización. En 1399 se celebra,
también en Zaragoza, la coronación de Martín I y Ge-
rónimo de Blancas nos ofrece este relato siguiendo el
cortejo que, tras la ceremonia religiosa, va de la catedral
al palacio de la Aljafería:

> «delante de ellos iva un castillo de madera muy bien
> hecho, en que ivan cuatro sirenas y muchos vestidos
> como ángeles, cantando suavemente, y en los más alto
> del castillo iva uno vestido como rey con un niño como
> hijo suyo delante muy ricamente adrezados. Delante
> este castillo venían los bordonadores y tiradores del

---

[75] Milá i Fontanals, «Teatro español. Bosquejo de clasificación»,
op. cit., págs. 236-238.
[76] García de la Concha hace notar que «el pavo con que termi-
naban ciertos banquetes era el emblema ante el cual los caballeros
hacían votos más o menos extravagantes» («Teatro medieval en
Aragón», en la *Literatura en Aragón*, Zaragoza, Publicaciones de la
Caja de Ahorros y M. P. de Zaragoza, 1984, pág. 46).

tablado y los primeros de todos los oficios de la ciudad
con diversos bailes y danzas [...]. Antes de empezar la
comida en la Aljafería, azia la parte de la sala de los
mármoles en la techumbre, se avia hecho una invención de un grande espectáculo á manera de cielo es-
trellado que tenia diversas gradas, y en ellas avia diversos bultos de Santos con palmas en las manos, y en
lo alto estava pintado Dios Padre en medio de gran
muchedumbre de serafines y oíanse vozes muy buenas,
que con diversos instrumentos de música cantavan
muchos villancicos, y canciones en honra y alabanza
de aquella fiesta. Deste cielo baxava un bulto grande
á manera de nuve, que venia á caer encima del aparador
del Rey. De dentro desta nuve baxó vestido como ángel
cantando maravillosamente; y subiendo y baxando
diversas vezes dexávase caer por todas partes muchas
letrillas, y coplas escritas, unas en papel colorado, otras
en amarillo, y otras en papel azul, con tintas diferentes,
todas al propósito de la solemnidad, y fiesta, que allí
se hazia. Hecho esto, vuelto á subir este ángel á la nuve,
de allí á poco bolvió a baxar con unas fuentes doradas
muy lindas para dar agua manos al Rey, y estas fuentes
diólas este ángel á otros dos que estavan vestidos como
ángeles á los lados del aparador, los cuales las tomaron,
y luego las dieron a los cavalleros que habian de servir
el agua manos al Rey. Acabado esto volvieron el Duque, y los demás por los otros platos del servicio, y
antes que entrasen con ellos en el patio volvieron á salir
otras trompetas con muchos atabales, y detrás dellos
salió una grande culebra, hecha muy al vivo, de muy
extraña invención, que echava por la boca grandes
llamas de fuego, y á la redonda della venian muchos
hombres armados de todas piezas, dando grandes vo-
ces y gritos, como que la querian matar, y que ella se
defendia: y al fin hizieron como que la matavan, que
escriven fue una fiesta harto graciosa: y acabada que
fué luego, el Duque y los otros assentaban los servicios.
Y antes que entrásen con los terceros, salieron muchas
trompetas y atabales con juego de menestriles; y detrás
dellos una muy grande roca ó peña al natural; y en lo
alto della avia una figura de una leona parda muy
grande, que tenia una grande abertura, como de herida

en la espalda izquierda.—Desta roca salida al patio saltaron muchos conejos, y liebres, perdices, tórtolas, y otras aves de diversas maneras, que començaron á volar por el patio y también salieron algunos javalís que regozijaron mucho la fiesta. A esto, los hombres de armas, que avian quedado en el patio de la muerte de la culebra, acudieron á la roca y rodeándola por todas partes mostravan querer subir por ella á matar la leona. Pero de la misma roca salieron luego muchos, vestidos como Salvages que, impidiéndoles la subida, se combatieron con ellos, peleando muy bravamente hasta que vencieron á los hombres de armas, de que mostraron quedar muy contentos los Salvages. Y assí luego por la herida de la leona salió un niño muy hermoso vestido de armas Reales con una corona en la cabeza, y una espada desnuda en la mano derecha en señal de esta victoria, y començo á cantar muy suavemente [...] [77].

Todavía no se puede hablar de teatro propiamente dicho, pero estamos a un paso. La abundancia y riqueza de estas dramatizaciones fue tanta en todo el Reino de Aragón que, como señala Lázaro Carreter, con toda razón Jorge Manrique puede preguntarse en el Planto por la muerte de su padre: «¿Qué se hizo el rey don Joan? / Los infantes de Aragón / ¿qué se hicieron? / ¿Qué fue de tanto galán / qué de tanta *invención* / que trujeron?» Las invenciones no se limitaban a los cortejos o procesiones regias sino que, como es lógico, fueron incorporadas muy pronto a las celebraciones religiosas, comenzando por las procesiones del Corpus.

De manera absolutamente paralela a lo ocurrido en el ámbito civil, los primeros *entremeses* que se incorporaron a las procesiones religiosas se limitaban a ele-

[77] *Libro de las Coronaciones de los Reyes de Aragón*, ed. de Juan Francisco Andrés de Uztárroz, Zaragoza, 1641, libro I, cap. VIII. La costumbre de los fastos regios con dramatizaciones perduró largo tiempo en Aragón. Véase, por ejemplo, la documentada edición que Alberto del Río ha preparado de la crónica del recibimiento de la emperatriz Isabel en 1533 (*Teatro y entrada triunfal en la Zaragoza del Renacimiento*, Zaragoza, 1988).

mentos escenográficos con esculturas de bulto y acompañamiento multicolor de cantos y danzas. Si aquéllas comienzan —hablo del reino de Aragón— hacia 1320, habrá de transcurrir casi un siglo hasta que, a comienzos del XV, las imágenes sean sustituidas por personas, y todavía unas décadas más para que, a finales del mismo siglo, comenzara la acción. En ese momento —y ya de manera decidida a partir de comienzos del siglo XVI— lo que se había iniciado como *entremés*, se convierte en base del *misterio* o representación de un episodio del Antiguo o del Nuevo Testamento y, más tarde, por extensión, de otros temas religiosos [78].

Por lo que hace a Castilla, Shergold documenta la primera referencia a *entremeses* en la Crónica de don Álvaro de Luna, según la cual cuando éste fue hecho condestable, en 1423, organizó en homenaje al rey «muchas fiestas e muy ricas justas, e otros *entremeses*» [79]. Añade el cronista que don Álvaro «fue muy inventivo e mucho dado a fallar invenciones, e sacar entremeses en fiestas, o en justas, o en guerra: en las quales invenciones muy agudamente significaba lo que quería» [80]. Complementa los datos en esta línea la

---

[78] Véase H. Merimée, *L'Art dramatique à Valencia depuis les origines jusqu'au comencement du XVII siècle,* Toulouse, 1913.; H. Corbató, *Los misterios del Corpus en Valencia,* Berkeley, University of California, 1932-1933. Y, más recientemente, Juan Oleza Simó y otros, *Teatros y prácticas escénicas,* I, *El Quinientos valenciano,* Valencia, Institució Alfons el Magnánimo, 1984. En cuanto al tema mariano, véase Luis Quirante, *Teatro asuncionista valenciano de los siglos XV y XVI,* Valencia, Generalitat valenciana, 1987.

[79] Ed. de J. M. Flores (Madrid, 1784, pág. 45), en N. D. Shergold, *A History of the Spanis Stage,* Oxford, Clarendon Press, 1967, pág. 122.

[80] Aclara mucho el alcance significativo del término *invenciones,* tan elogiadas por Manrique en los infantes de Aragón, esta referencia de la Crónica del condestable Miguel Lucas de Iranzo: «Tomaron por imbención que era una jente de ignota y luenga tierra, la qual venia destrozada y venzida de gente enemiga, y que no solamente les habian destruido sus personas y bienes, mas los templos de la fee suya, los quales decian que entendian hallar en estos señores Condestable y Condesa; e que viniendo cerca de aquella ciudad, en el paso de una deshabitada selva, una muy fea y mui fiera serpiente los habia tragado,

Crónica de Lucas de Iranzo [81] y la *Crónica del rey Enrique el cuarto*, de Enríquez del Castillo [82]. Con razón decía Alonso de Cartagena en su *Doctrinal de Cavalleros* (Burgos, 1487) que los de aquel tiempo, fuera del tiempo de guerra, ocupaban las armas en dos cosas: «La una es en contiendas del reino. La otra es en juego de armas. Así como son los torneos e justas. E estos actos de que agora nuevo nombre aprendimos que llaman entremeses.»

MOMOS

Para completar el cuadro de las diversiones cortesanas dramatizadas hay que añadir los bailes y los *momos*. En la Crónica de Lucas de Iranzo se cuenta cómo en 1461 el condestable y su esposa organizaron un baile. Después que ellos y sus hermanos lo abrieron, «sobrevino una escuadra de jentiles hombres de su casa en forma de personas extranjeras, con falsos visajes, vestidos de muy buena y galana manera [...] representando que salían de un crudo cautiverio do la libertad les fue otorgada...» (pág. 51). Pocas páginas más adelante se alude a «muchos *momos* y personaxes, de tantas y tan discretas imbenciones y empresas [83] que fingían tomar, y con tan diversas aposturas y arreos, que era cosa increíble» (pág. 62). La moda estaba extendida por Eu-

---

y que pedian subsidio para dende salir a la puerta de una camara que estaba al otro lado de la sala. En frente do estaba la señora Condesa, asomó la cabeza de la dicha serpiente mui grande, fecha de madera pintada, y por su artificio lanzó por la boca uno a uno los dichos niños: echando grandes llamas de fuego; y así mismo los pages como traian las faldas y mangas y capirote llenos de aguardiente, que parecía que verdaderamente se quemaban en llamas» (págs. 54 y sig.).

[81]   Págs. 62 y sig.; 74 y sig.; 103-106 y 263.
[82]   Madrid, BAE, LXX, 1953.
[83]   *Empresa:* «Cierto símbolo o figura enigmática con un mote breve y conciso, enderezada a manifestar lo que el ánimo quiere o pretende» *(Autoridades).*

ropa [84] y, a diferencia de Cataluña donde apenas se documenta, en Castilla se introdujo a principios del siglo XV. Aparecen ya menciones en la *Crónica del Halconero de Juan II*, de Pedro Carrillo de Huete; así se cuenta que el primero de mayo de 1436, en Alcalá de Henares, «cenaron el Rey e Reyna e Principe en la posada del Condestable ricamente e fizieron momos e danças que duraron hasta la media noche». Alonso de Cartagena censura la moda de «el juego que nuevamente [85] agora se usa de los *momos*» porque «aunque dentro deste está honestad e maduredad e gravedad entera, pero escandalízase quien vee fijosdalgo de estado con visages agenos. E creo que no lo usarían si supiesen de qual vocablo latino desçiende esta palabra *momo*» [86].

Muy atinadamente define Eugenio Asensio el *momo* como «mascarada y el enmascarado que en ella iba. Los enmascarados —añade— eran la flor de la corte, desde el rey hasta el paje, y desplegaban un lujo asiático en vestidos y joyas» [87]. De suyo no era una actividad dramática pero pronto comienzan a sumarse elementos literarios al espectáculo de disfraces y danzas. Bonilla y Sanmartín aduce al respecto un pasaje de *Arnalte y Lucenda:* «E como la hora de *momear* llegada fuese, saliendo los *momos* a la sala, cada uno con la dama que servía, comienza a danzar, e allí de mi desdicha me quexé [...] e saqué unas marcas de alegría en el manto bordadas e la letra dezía en esta manera: Este triste más

---

[84]   Véase E. Welsford, *The Court Masque. A Study in the Relationship between Poetry and the Revels,* Cambridge, 1927.
[85]   *Nuevamente:* recién introducido.
[86]   Véase Shergold, pág. 126. A propósito del origen, glosa *Autoridades: «Momus. Mimus.* Díxose del Dios de la Gentilidad, assí llamado porque se ocupaba en censurar ridículamente o hacer burla de las acciones de los demás Dioses.»
[87]   «De los momos cortesanos a los autos caballerescos de Gil Vicente», en *Estudios portugueses,* II, París, Centro Cultural Portugués, 1974, pág. 33.

que hombre, / que muere porque no muere, / bivirá quanto biviere / sin su nombre.» Se vivía en la literatura, y cartas, empresas, invenciones y momos configuraban un espacio simbólico en que vida y literatura se fusionaban.

No cabe todavía hablar de teatro. Pero el componente de literatura irá creciendo. En 1467, para felicitar en el cumpleaños a su hermano don Alfonso, la reina Católica encargó a Gómez Manrique un texto para unos *momos*, que recojo en este volumen. Atendiendo al título —*Un breve tratado que fizo Gómez Manrique a mandamiento de la muy ilustre señora infanta doña Isabel, para unos momos que su excelencia fizo con los fados siguientes*—, Lázaro Carreter entiende que se «diferencia con claridad el *tratado* de los *momos*. El primero —añade— era, sin ningún género de dudas un sobreañadido literario a la mascarada (los *momos* propiamente dichos)» [88]. Interpreta, pues, que los *momos* eran de suyo los disfraces y el texto un sobreañadido. Pero también podría decirse que los *momos* que originariamente eran disfraz y danza, comienzan aquí a expresar de palabra lo que antes sólo decían mediante carteles y empresas. Es un paso más hacia la dramatización.

Y así viene a confirmarlo la *Momería* de Francesc Moner (+ 1498), que describe unos momos y nos da los textos, motes y glosas, junto con la descripción de toda la maquinaria de la representación.

El paso definitivo a la teatralidad plena lo dará Gil Vicente en el *Monólogo del Vaqueiro*.

Teatro político

El 5 de junio de 1465, casi en vísperas de las fiestas del Corpus, con las murallas como telón de fondo, se

---

[88]   Op. cit., pág. 65.

celebra la llamada *Farsa de Ávila*, organizada por la liga
nobiliaria enfrentada a Enrique IV. Un muñeco-imagen
del rey, vestido de negro y sentado en su trono, con
corona, espada regia, cetro y demás insignias de la
realeza, fue colocado sobre un *cadahalso* bien visible.
Lejos de la plataforma, entre las gentes, se encontraba
el príncipe Alfonso. Los cronistas de la época varían
bastante en los detalles de la descripción, que ofrecen,
sin duda, condicionada por su actitud favorable al rey
o a sus contrarios [89]. Pero, en síntesis, ocurrió esto: los
grandes se situaron ante la imagen y profirieron una
sarta de graves acusaciones de desgobierno, escándalo
y corrupción. La acusación se cerró con la sentencia de
deposición. El arzobispo de Toledo, Alonso Carrillo,
subió entonces al *cadahalso* y le quitó la corona; el
conde de Plasencia le arrebató la espada; el de Bena-
vente, el cetro. Según Enríquez del Castillo, fue don
Diego Lope de Stúñiga quien echó abajo la imagen entre
terribles palabras [90]. Acto seguido, el príncipe Alfonso
subió al *cadahalso* para ocupar el trono en medio de las
aclamaciones: «¡Castilla por el rey don Alonso!» So-
naron las trompetas y los nobles y otras gentes iniciaron
el besamanos en señal de acatamiento.

Mientras esto ocurría, el rey Enrique IV se refugiaba
en Salamanca y reagrupaba a sus leales. Comenzaba así
una guerra civil, con la división del reino, que iba a durar
hasta la subida al trono de Isabel la Católica.

La crítica histórica ha discutido mucho el significado

---

[89]   Las dos básicas son la *Crónica de Enrique IV*, de Alonso de
Palencia, contrario al rey (ed. de A. Paz y Meliá, Madrid, BAE,
CCLVII, CCLVIII, CCLVII) y la de Diego Enríquez del Castillo,
Crónica del rey Don Enrique el cuarto de este nombre, cit.

[90]   Alonso de Palencia atribuye la acción al marqués de Villena
y al maestre de Calatrava. Sobre el planteamiento de Alonso de Palencia, véase R. B. Tate, «Alfonso de Palencia y los preceptos de la
historiografía», en Víctor García de la Concha, ed., *Academia Literaria Renacentista*, III, *Nebrija y la Introducción del Renacimiento
en España,* Salamanca, Universidad, 1983, págs. 123-144.

real de esta *Farsa de Ávila* [91]. No han faltado quienes, conociendo la afición del arzobispo Carrillo a las artes mágicas, la adivinación y la alquimia, la relacionen con ellas. Parece a todas luces exagerado: la liga antinobiliaria sabía bien que Enrique IV iba a resistir. Tampoco puede reducirse todo a una parodia carnavalesca: el príncipe Alfonso quedó allí constituido en rey para un sector de súbditos. Acierta plenamente Mackay al relacionar la *Farsa* con los autos de fe inquisitoriales y con las ceremonias medievales de vasallaje. En efecto, en ella cabe distinguir: la muerte (simbólica) del rey; la elección, por los *grandes*, de sucesor; el grito ritual; la trasferencia de símbolos de soberanía; la aclamación; y, en fin, el acatamiento en besamanos.

Desde Hernando del Pulgar se vienen datando las *Coplas de Mingo Revulgo* en 1464, justo un año antes de la *Farsa de Ávila*. Como es sabido, en aquéllas, un pastor-profeta, Gil Arribato, dialoga con otro más rudo, Mingo Revulgo, sobre los males que aquejan a los pastores y rebaños de Castilla; esto es, al pueblo castellano. Mingo Revulgo culpa de todo al rabadán Candaulo, el rey Enrique IV; no piensa más que en holgar, tiene abandonado el gobierno en manos de crueles privados y, para colmo, hasta —insinúa— se degrada en desviaciones de homosexualidad. Gil Arribato no excusa, en su réplica, al monarca, pero, en definitiva, viene a decir que el pueblo tiene el rey que merece: «Si tu fueses sabidor, / entendieses la verdad, / verías que por tu roindad / as avido mal pastor.» La solución está, pues, según él, en que el pueblo se reforme: «Saca, saca de tu seno / la roindad de que estás lleno, / *y verás cómo será / que éste se castigará / o dará Dios otro bueno*.» Subrayo por mi cuenta la clave del mensaje que el anónimo autor —con toda probabilidad fray Íñigo de

[91] Véase Angus Mackay, «Ritual and Propaganda in Fifteenth Century Castile», *Past and Present,* 107 (1985), págs. 3-43.

Mendoza [92]— encerró en las *Coplas*. El rey no está actuando bien, pero el pueblo es también culpable. Que el pueblo reforme su actuación y, entonces, Enrique IV cambiará o Dios proveerá otro rey.

Si la fecha declarada por Pulgar en sus glosas a las *Coplas* fuera exacta, Gil Arribato habría sido, en verdad, profeta y la *Farsa de Ávila* supondría el cumplimiento de la alternativa. Pero, como Mackay señala, Pulgar fue un glosador interesado que en bastantes puntos deturpó y malinterpretó el texto al servicio, sobre todo, de la princesa Isabel [93]; no debemos, en consecuencia, considerar incontestable su datación. Por otro lado, las coincidencias de las *Coplas de Mingo Revulgo* con las críticas recogidas en las *Coplas de Vita Christi* de fray Íñigo de Mendoza son, tal como ha evidenciado Rodríguez Puértolas [94], palmarias. Cabe, entonces, pensar, con Mackay, que fray Íñigo escribió las primeras no antes de la *Farsa de Ávila*, sino después, durante el período de coexistencia de los dos reyes, Enrique IV y Alfonso. La familia Mendoza estaba de parte de Enrique, o, más exactamente, en contra de la liga nobiliaria que se les oponía: lo que Gil Arribato y directamente el franciscano en la *Vita Christi* defienden es la obediencia al rey establecido [95].

Si me detengo en apuntar la conexión de la *Farsa de*

---

[92]   Julio Rodríguez Puértolas, «Sobre el autor de las *Coplas de Mingo Revulgo*», en *Homenaje a Rodríguez Moñino*, Madrid, Castalia, II, 1966, págs. 131-142.

[93]   Las glosas de Pulgar pueden verse en la excelente edición que Marcella Ciceri ha hecho de las *Coplas, Cultura neolatina*, XXXVII (1977), págs. 75-149 y 189-266.

[94]   Además del art. cit., véase Julio Rodríguez Puértolas, *Fray Íñigo de Mendoza y sus Coplas de Vita Christi*, Madrid, Gredos, 1968, cap. VII, págs. 206-248.

[95]   Don Pedro González de Mendoza, obispo entonces de Calahorra, dirá en un discurso que «la savia Escriptura espresamente defiende rebelar y manda obedecer a los reyes aunque sean indotos; porque sin comparación son mayores las destrucciones que padecen los reynos divisos que los que sufren del rey inhábil» (en Rodríguez Puértolas, *Fray Íñigo...*, pág. 228).

Ávila con las *Coplas de Mingo Revulgo* y las de crítica social política de las *Coplas de Vita Christi*, de fray Íñigo de Mendoza, es para situar justamente a la primera en su ámbito de significación y en su función. Para designar rey al príncipe Alfonso y entronizarlo como tal, los nobles levantiscos no necesitaban haber montado la *Farsa de Ávila:* más bien ésta podría juzgarse, en principio, improcedente para la solemnidad requerida. Y, en cambio, eligen unas fechas cercanas a las celebraciones populares del Corpus, que incluían *juegos*. En ese ámbito montan un espectáculo en el que se dramatiza el auto de fe de los nobles contra el monarca y la elección y entronización de un nuevo rey.

Menéndez Pelayo calificó a las *Coplas de Mingo Revulgo* de «égloga de nuevo cuño», que no puede considerarse teatro, «pero que no dejó de influir de un modo indirecto en los orígenes del teatro»[96]. Los pastores que en ellas dialogan son parientes muy cercanos de los protagonistas de las «coplas pastoriles» que en las de *Vita Christi* representan, como veremos, un auto pastoril navideño, intencionalmente situados en la zona del *sayagués*, ese espacio lingüístico convencional[97] que, con referencia a Sayago (Zamora), abarca la zona de Zamora y Salamanca. Por donde se moverán, en obras —no lo olvidemos— cortesanas y ligadas a la celebración de las fiestas del Corpus y otras, los pastores de Lucas Fernández y de Juan del Encina. Por la misma zona en que históricamente se movió, a raíz de la *Farsa de Ávila*, el rey Enrique IV, movilizando a sus leales y, en definitiva, tratando de movilizar al pueblo contra los nobles que, en un espectáculo de teatro político, le habían juzgado, depuesto y, pretendidamente, sustituido.

No pretendo exagerar el nivel de dramaticidad de la *Farsa*, aunque en la línea de lo que he apuntado a pro-

---

[96] *Antología de poetas líricos castellanos* Edición Nacional de las *Obras Completas,* XVIII, Santander, 1944, II, pág. 296.
[97] Véase Frida Weber de Kurlat, *Lo cómico en el teatro de Fernán González de Eslava,* Universidad de Buenos Aires, 1963, págs. 32-41.

BIBLIOGRAFÍA GENERAL

ÁLVAREZ PELLITERO, ANA M.: «Aportaciones al estudio del Teatro medieval en España», *El Crotalón, Anuario de Filología Española,* II, 1985, páginas 13-35.

ÁLVAREZ PELLITERO, ANA M.: «Un *Auto pastoril navideño* del siglo XV: las «Coplas pastoriles de Fray Iñigo de Mendoza», en *Actas del III Congreso de la Asociación Hispánica de Literatura Medieval* [1989], en curso de publicación.

ANGLÉS, H.: *La música a Catalunya fins al segle XIII,* Barcelona, Institut d'Estudis Catalans, 1935.

ASENSIO, E.: «De los momos sortesanos a los autos caballerescos de Gil Vicente», en *Estudios portugueses,* II, París, Centro Cultural Portugués, 1974.

AXTON, R.: *The European Drama of the Early Middle Ages,* Londres, Hutchinson, 1974.

BLECUA A.: «Sobre el *Auto de la Pasión»,* en *Homenaje a Eugenio Asensio,* Madrid, Gredos, 1989, páginas 79-112.

BONILLA Y SAN MARTÍN, A.: *Las Bacantes o del Origen del Teatro,* Madrid, Rivadeneyra, 1921.

CAÑETE, M.: *Discurso acerca del drama religioso antes y después de Lope de Vega,* Madrid, Real Academia Española, 1862; también en *Memorias de la Real Academia Española,* I (1870), páginas 368-412.

CATURELI, G.: *Il culto di Sibila nella legenda e nella storia,* Pisa, 1970.

CHAMBERS, E. K.: *The Medieval Stage,* I, Oxford, Clarendon Press, 1903; reimp., 1948, 2 vols.

CIROT, G.: «Pour combler les lacunes de l'histoire du drame religieux en Espagne avant Gómez Manrique», *Bulletin Hispanique,* 45 (1943), págs. 55-62.

COHEN, G.: «Le théatre religieux», en *Le Théatre en France au Moyen Age,* París, 1928.

CORBATO, H.: *Los misterios del Corpus en Valencia,* Berkeley, University of California, 1932-1933.

CORBIN, S.: «Le Cantus Sibylae: Origines et premiers testes», en *Révue de Musicologie,* 31 (1952), págs. 1-10.

COSTANS, L.: «Un *Dies Irae* en romance catalán del siglo XIII», *Cuadernos del Centro de Estudios Comarcales de Bañolas,* agosto 1948, págs. 7-11.

COUSSEMAKER, E. DE: *Drammes Liturgiques du Moyen Age. Texte et musique,* Rennes, 1860; reimp., Ginebra, Slatkine, 1975.

CREIZENACH, W.: *Geschichte des neueren Dramas,* La Haya, 1893-1903.

DELGADO, F.: «Las profecías de Sibilas en el Ms. 80 de la Catedral de Córdoba y los orígenes del teatro nacional», *Revista de Filología Española,* 67 (1987), págs. 77-87.

DEVOTO, D.: «Tres notas sobre Berceo y la historia eclesiástica española», *Bulletin Hispanique,* 70 (1968), págs. 261-287.

DEYERMOND, A. D.: *Historia y Crítica de la Literatura Española,* vol. I, Barcelona, Crítica, 1980.

DONOVAN, R.: *The Liturgical Drama in Medieval Spain,* Toronto, Pontifical Institute of Medieval Studies, 1958.

DUNN, E. CATHERINE y otros, eds., *The Medieval Drama and its Claudelian Revival,* Washington, 1970.

FERNÁNDEZ DE MORATÍN, L.: *Orígenes del teatro.* Primera parte, en *Obras de don Leandro Fernández de Moratín,* I, Madrid, Aguado, 1830.

GARCÍA DE LA CONCHA, V.: «Dramatizaciones litúrgicas pascuales de Aragón y Castilla en la Edad Media», en *Homenaje a don José María Lacarra de Miguel,* Zaragoza, Anubar, 1978, páginas 153-175.

CARCÍA DE LA CONCHA, V: «Teatro medieval en Aragón», en *La Literatura en Aragón,* Zaragoza, Publicaciones de la Caja de Ahorros y M. P. de Zaragoza, 1984.

GILLET J. E.: «Egloga hecha por Francisco de Madrid (1495?)», *Hispanic Review,* XI (1943), págs. 275-303.

GILLET, J.: «The *Memorias* of Felipe Fernández Vallejo and the History of the Early Spanish Drama», en *Essays and Studies in Honor of Carleton Brown,* Nueva York, University Press, 1940, págs. 264-280.

GÓMEZ MORENO, A.: «Teatro religioso medieval en Avila», *El Crotalón. Anuario de Filología Española,* I, 1984, págs. 769-775.

HARDISON, O. B.: *Christian Rite and Christian Drama in the Middle Ages: Essays in the Origin and Early History of Modern Drama,* Baltimore, John Hopkins University Press, 1965.

HARDISON, O. B.: «Gregorian Easter Vespers and Early Liturgical Drama», en E. Catherine Dunn y otros, eds., *The Medieval Drama and its Claudelian Revival,* Washington, 1970, págs. 27-37.

HEERS, J.: *Fêtes, jeux et joutes dans les sociétes d'Occident a la fin du Moyen Age,* Montreal, Institut d'Études Medievales, 1971.

HERMENEGILDO, A.: *Renacimiento, teatro y sociedad. Vida y obras de Lucas Fernández,* Madrid, 1975.

LANGE, C.: *Die lateneischen Osterfeiern,* Munich, 1887.

LÁZARO CARRETER, F.: *Teatro medieval,* Madrid, Castalia, 1965.

LE ROY, O.: *Études sur les Mysteres,* París, 1837.

LÓPEZ MORALES H.: *Tradición y creación en los orígenes del teatro castellano,* Madrid, Alcalá, 1969.

LÓPEZ MORALES, H.: «Nuevo examen del teatro medieval», *Segismundo,* IV (1979), págs. 113-124.

LÓPEZ MORALES, H.: «Sobre el teatro medieval castellano: *status quaestionis*», *Boletín de la Academia Puertorriqueña de la Lengua Española,* 14 (1986), págs. 61-68.

LÓPEZ MORALES, H.: «Parodia y caricatura en los orígenes de la farsa castellana», en *Teatro Comico fra Medio Evo e Rinascimento; la Farsa,* Centro Studi sul Teatro Medievale e Rinascimentale, 1987, páginas 211-226.

LÓPEZ YEPES, J.: «Una representación de las Sibilas y un Planctus Pasionis en el Ms. 80 de la Catedral de Córdoba: Aportaciones al estudio de los orígenes del teatro medieval castellano», *Revista de Archivos. Bibliotecas y Museos,* 80 (1977), págs. 545-568.

MACKAY, A.: «Ritual and Propaganda in Fifteenth-Century Castle», *Past and Present,* 107 (1985), páginas 3-43.

MAGNIN, A.: *Les origines du théatre moderne,* París, 1838.

MARTÍN, J. L.: «El Sínodo diocesano de Cuéllar (1325)», en *Economía y Sociedad en los reinos hispánicos de la Baja Edad Media,* II, Barcelona, El Albir, 1983.

MENDOZA DÍAZ-MAROTO, F.: «El Concilio de Aranda (1473) y el teatro medieval castellano», *Criticón,* 26 (1984), págs. 5-15.

MENÉNDEZ PELÁEZ, J.: *El Teatro en Asturias (de la Edad Media al siglo XVIII),* Gijón, Ediciones Noriega, 1981.

MENENDEZ PELAYO, M.: *Antología de poetas líricos castellanos* (edición nacional de las *Obras Completas*), Santander, 1944.

MENÉNDEZ PIDAL, R.: *Poesía juglaresca y orígenes de las literaturas románicas,* Madrid, Instituto de Estudios Políticos, 1957.

MERIL, E. DU: *Origines latines du théatre moderne,* París, 1849.

MERIMÉE, H.: *L'Art dramatique à Valencia depuis les*

origines jusqu'au comencement du XVII siècle,
Toulouse, 1913.

MILÁ Y FONTANALS, M.: «Teatro español. Bosquejo de
clasificación», en *Obras completas,* VI, Barcelona,
1895.

OLEZA SIMO, J.: y otros: *Teatros y prácticas escénicas,*
I. El Quinientos valenciano, Valencia, Institució
Alfons el Magnánimo, 1984.

PARKER, A.: «Notes on the religious Drama in Medieval
Spain and the Origins of the *Auto Sacramental*», *Mo-*
dern Language Review, 30 (1935), págs. 170-182.

PÉREZ PRIEGO, M. A.: *El teatro de Diego Sánchez de*
Badajoz, Cáceres, Universidad de Extremadura,
1982.

QUIRANTE, L.: *Teatro asuncionista valenciano de los*
siglos XV y XVI, Valencia, Generalitat valenciana,
1987.

RECKERT, S.: *Espíritu e letra de Gil Vicente,* Lisboa,
Impresa Nacional-Casa da Moeda, 1983.

REGUEIRO, J. M.: «Rito y popularismo en el teatro antiguo español», *Romanische Forschungen,* 89 (1977).

RICO, F.: «Sobre las letras latinas del siglo XII», en
Abaco, 2, Madrid, Castalia, 1969, págs. 11-91.

RÍO, A. DEL,: *Teatro y entrada triunfal en la Zaragoza*
del Renacimiento, Zaragoza, 1988.

RODRÍGUEZ PUÉRTOLAS, J.: «Sobre el autor de las *Co-*
plas de Mingo Revulgo», en *Homenaje a Rodríguez*
Moñino, Madrid, Castalia, II, 1966, págs. 131-142.

RODRÍGUEZ PUÉRTOLAS, J.: *Fray Íñigo de Mendoza y*
sus Coplas de Vita Christi, Madrid, Gredos, 1968.

SCHACK, A. VON: *Historia de la literatura y del arte*
dramático en España [1854]. Trad. de E. Mier, Madrid, Colección de Escritores Castellanos, 1885-
-1887, 5 vols.

SEPET, M.: *Le Drame chrétien au Moyen Age,* París,
1878.

SHERGOLD, N. D.: *A History of the Spanish Stage,* Oxford, Clarendon Press, 1967.

SURTZ, R.: *Teatro medieval castellano,* Madrid, Taurus, 1983.

TORROJA MENÉNDEZ, C., y RIVAS PALA, C.: *Teatro en Toledo en el siglo XV: Auto de la Pasión de Alonso del Campo,* Anejo XXXV al Boletín de la Real Academia Española, Madrid, 1977.

TRAPERO, M.: *La pastorada leonesa,* Madrid, Sociedad Española de Musicología, 1982.

WEBER DE KURLAT, F.: *Lo cómico en el teatro de Fernán González de Eslava,* Universidad de Buenos Aires, 1963.

WELSFORD, E.: *The Court Masque. A Study in the Relationship between and the Revels,* Cambridge, 1927.

YOUNG, K.: «Some texts of Liturgical Plays», *Publications of the Modern Language Association,* 24 (1909), págs. 303-308.

YOUNG, K.: *The Drama of the Medieval Church,* Oxford, Clarendon Press, 1933; reimp, 1976, 2 vols.

TEATRO MEDIEVAL

ANÓNIMO, *Auto de los Reyes Magos*.
FRAY ÍÑIGO DE MENDOZA, *[Auto pastoril navideño]*.
GÓMEZ MANRIQUE, *Representación del Naçimiento; [Lamentaciones] fechas para la Semana Santa; Momos*.
ANÓNIMO, *Auto de la huida a Egipto*.
ALONSO DEL CAMPO (?), *Auto de la Pasión*.
ANÓNIMO, *Querella entre el Amor, el Viejo y la Hermosa*.
FRANCESC MONER, *Momería*.
FRANCISCO DE MADRID, *Égloga*.
ANÓNIMO: *Dança de la muerte*.

NOTA EDITORIAL

Sigo en cada caso la edición más autorizada. En atención a su valor de época, respeto en el *Auto de los Reyes Magos* la fijación textual hecha por don Ramón Menéndez Pidal, incorporando, sin embargo, la modificación de atribuciones de parlamentos propuesta por Ricardo Senabre y actualizando la puntuación.

En el resto de obras acepto o, en su caso, introduzco la modernización de aquellas grafías que no tienen valor distintivo y altero la puntuación al servicio de la lectura que me parece más correcta.

Un *Glosario* final facilita la comprensión de formas y léxico arcaicos.

ANÓNIMO

AUTO DE LOS REYES MAGOS

INTRODUCCIÓN

Esta pieza, única en la historia de nuestro teatro, fue hallada en un códice de la Biblioteca del Cabildo de Toledo que hoy se guarda en la Biblioteca Nacional. Dio a conocer su texto José Amador de los Ríos [1], pero fue don Ramón Menéndez Pidal quien en 1900 realizó la primera edición crítica [2], le asignó el calificativo de *Auto de los Reyes Magos* [3] y lo fechó en el siglo XIII; más tarde, en 1919, basándose en datos lingüísticos, adelantó en un siglo la datación [4].

¿Una pieza autóctona?

Son variadas las opiniones que se han vertido sobre el origen de esta breve pieza anónima. Rafael Lapesa,

---

[1] *Historia crítica de la literatura española*, III, Madrid, 1863, págs. 655-660.

[2] «*Auto de los Reyes Magos*», *Revista de Archivos Bibliotecas y Museos*, 4 (1900), págs. 449-462; «Disputa del alma y el cuerpo y *Auto de los Reyes Magos*», en sus *Obras completas*, XII. *Textos medievales españoles*, Madrid, Espasa-Calpe, 1976, págs. 161-177.

[3] Fernando Lázaro Carreter, haciéndose eco de otras opiniones críticas, no encuentra adecuado ese título y propone el de *Representación de los Reyes Magos* (*Teatro medieval*, pág. 32). El propio Menéndez Pidal habla del *Misterio de los Reyes Magos* en el *Cantar de Mio Cid*, I, 1908, pág. 26, y así lo designaron críticos como Milá y Fontanals y Menéndez Pelayo. Valbuena Prat señala lo inadecuado de este título, «ya que la palabra *mystère no se generaliza en la escena francesa hasta el siglo XV*» (*Historia de la literatura española*, I, Barcelona, 1946, pág. 65). De ahí, que, con reservas, la crítica continúe refiriéndose al primer drama español en romance con el título original que propuso don Ramón: *Auto de los Reyes Magos*.

[4] *Poema de Mio Cid y otros monumentos de la primitiva poesía española*, Madrid, 1919, págs. 144-145.

en 1954, llega a la conclusión de que las rimas anómalas en el *Auto* contenían un elemento lingüístico gascón[5]. Atendiendo a ese dato, se podría pensar que se trata de una obra importada y ello vendría a confirmar, de paso, la teoría que descartaba una tradición dramática en Castilla. Veinte años más tarde, Solá-Solé postula «una base mozárabe con fuerte impacto fonético y prosódico árabe»[6]. Estas teorías, aparentemente contradictorias, no suponen ninguna conclusión definitiva. Y digo aparentemente porque el propio Lapesa se movió con gran cautela al señalar el origen del autor del *Auto:* «Sólo he intentado —dice— probar la existencia de un tercer elemento (aparte del "castellano con fuertes residuos mozárabes o mozárabe fuertemente castellanizado"), el franco, gascón o catalán: más probablemente gascón»[7]. Si esto es así, el *Auto* se adelantaría en un siglo a los primeros testimonios que en Francia documentan la existencia de un teatro religioso en romance. Incidiendo en este desfase, cuando Sturdevant estudia las fuentes del *Auto,* sólo encuentra puntos de contacto con poemas narrativos franceses de fines del siglo XII o principios del XIII, si bien lo explica acudiendo a la tradición[8].

En ningún caso se descarta, pues, un origen autóctono de la pieza. Si se insiste en buscar un modelo extranjero es porque se presupone la premisa de la

---

[5] Rafael Lapesa, «Sobre el *Auto de los Reyes Magos:* sus rimas anómalas y el posible origen del autor», en *Homenaje a Fritz Krüger,* II, Mendoza, 1954, págs. 591-599. (Reproducido en su *De la Edad Media a nuestros días. Estudios de historia literaria,* Madrid, Gredos, 1967, págs. 37-47.)

[6] J. M. Solá-Solé, *«El Auto de los Reyes Magos:* ¿Impacto gascón o mozárabe?», *Romance Philology,* 29 (1975), págs. 20-27.

[7] *De la Edad Media a nuestros días,* pág. 47.

[8] Winifred Sturdevant, *The «Misterio de los Reyes Magos».* Its Position in the Development of the Medieval Legend of the Three Kings, The Johns Hopkins University Press, Baltimore-París y Presses Universitaires de France 1927, pág. 37.

inexistencia en la Castilla medieval de un teatro religioso.

¿Pieza total o fragmentaria?

Muchos de los investigadores que han estudiado el *Auto* concluyen que el texto que hoy conocemos es un mero fragmento de una versión primitiva [9]. Amador de los Ríos compendia, en cierto modo, el sentir de la crítica posterior cuando dice: «en este punto termina el Ms. de Toledo, siendo en verdad sensible que no poseamos por completo una obra poética, cuya significación es de no pequeña importancia en la historia de las letras españolas» [10]. Menéndez Pidal lo califica de «fragmento» y con él coinciden muchos de los estudiosos del tema, tanto españoles como extranjeros [11]. Las especulaciones sobre su posible final son variadas [12].

Más recientemente, sin embargo, David Hook y Alan Deyermond [13] se plantean una cuestión fundamental:

---

[9]   Rafael Lapesa indica que es muy posible que se trate de una copia y no del texto original, por haberse destruido varias rimas. Por otro lado —añade— aunque la letra del manuscrito parece ser del siglo XIII, el lenguaje da indicios de mayor antigüedad. *(De la Edad Media a nuestros días,* págs. 37-47.)

[10]   *Op. cit.,* pág. 26.

[11]   Entre otros: J. D. M. Ford, *Old Spanish Reading,* Boston, Ginn, 1906, pág. 101; Sturdevant, *The Misterio...,* cit., pág. 46; Valbuena Prat, *Historia de la literatura española,* cit., pág. 67; López Morales, *Tradición y creación...,* cit., pág. 62; Wardroper, «The Dramatic Texture of the *Auto de los Reyes Magos», Modern Language Notes,* 70 (1955), págs. 46-50.

[12]   Amador de los Ríos cree que no excedería de la adoración de los Reyes o la degollación de los Inocentes (op. cit., pág. 24). La mayor parte de los críticos dan como más plausible la primera de estas soluciones —la adoración—. Así, Wardroper opina que el *Auto* terminaría con la escena en que los Reyes entregan al Niño sus regalos, probando su triple naturaleza: hombre, rey de tierra y rey celestial (op. cit., pág. 49).

[13]   «La terminación del *Auto de los Reyes Magos», Anuario de estudios Medievales,* 13 (1983), págs. 269-278.

«¿Por qué debe considerarse incompleto el texto que tenemos?» Piensan que «la disputa entre los rabinos de la corte de Herodes es una conclusión impresionante, sea por intención del autor que la pieza se termina aquí, o sea mera casualidad». Sin definirse totalmente, la dramaticidad de la escena —cuya originalidad ponen de manifiesto respecto a otras piezas europeas pertenecientes al *Ordo Stellae*—, les lleva a inclinarse por este cierre de la pieza que manifestaría «el propósito consciente de un autor de acusada originalidad». Más adelante veremos, al estudiar la estructura dramática, que, por muy sugestiva que resulte esta apreciación, no es, en modo alguno, concluyente.

Estructura dramática

Podemos dividir el *Auto* en siete escenas, considerando que cada uno de los monólogos de los reyes tiene entidad propia. De modo que la configuración dramática sería ésta:

ESCENA I	ESCENA II	ESCENA III
Monólogo de Gaspar	Monólogo de Baltasar	Monólogo de Melchor

ESCENA IV
Encuentro de los reyes y decisión de ir a adorar al niño Dios

ESCENA V	ESCENA VI	ESCENA VII
Visita a Herodes	Monólogo del rey Herodes	Discusión de los «sabios» de la corte

De este modo, el eje dramático se sitúa en la escena IV por cuanto aglutina el núcleo temático. Se separa éste de los Evangelios canónicos para inspirarse directamente en los apócrifos de la infancia de Jesús, concretamente en la redacción siriaca [14]. En ella encontramos todos los elementos que sirven de base a la dramatización. Dice así: «La noche misma del nacimiento es enviado a Persia un ángel guardián. Éste se aparece en forma de estrella brillante a los magnates del reino, adoradores del fuego y de las estrellas, cuando se encontraban celebrando una gran fiesta. Entonces tres reyes, hijos de reyes, tomaron tres libras de oro, incienso y mirra; se vistieron de sus trajes preciosos, se ciñeron la tiara y, guiados por el mismo ángel que había arrebatado a Habacuc y alimentado a Daniel en la cueva de los leones, llegan a Jerusalén, según la profecía de Zoroastro [15]. Preguntan por el rey recién nacido. Herodes les somete a interrogatorio. A sus preguntas responden que uno de sus dioses les ha informado del nacimiento de un rey. Herodes les despide recomendándoles que, después de adorarle, le informen del lugar donde se encuentra. Al salir del palacio, vuelve a aparecérseles la estrella a los Magos, pero en forma de columna de fuego. Adoran al niño y durante la noche del quinto día de la semana posterior a la natividad, se les aparece de nuevo el ángel que vieron en Persia en forma de estrella, quien les acompaña hasta que llegan a su país» [16].

En esa narración apócrifa sólo falta una escena —las preguntas a los «sabios» de la corte—, cuya originali-

---

[14]   Hasta hace muy poco no se conocía más que la redacción árabe; de ahí la denominación de *Evangelio árabe de la infancia*. Hoy, sin embargo, está ya identificada la redacción siriaca. P. Peeters demuestra que el texto árabe no es sino una traducción, bastante deturpada a veces, del original siriaco. En Aurelio de Santos Otero, *Los Evangelios apócrifos*, Madrid, Biblioteca de Autores Cristianos, 1963, pág. 307.

[15]   Según un manuscrito del siglo XIII conservado en la Biblioteca Laurentina de Florencia, Zoroastro hizo una profecía en la que declaró que una virgen había de dar a luz un hijo, que sería sacrificado por los judíos y que luego subiría al cielo. A su nacimiento aparecería una estrella, bajo cuya guía se encaminarían los Magos a Belén y adorarían al recién nacido.

[16]   *Los Evangelios apócrifos*, págs. 312-313.

dad indiscutible en el *Auto* han evidenciado Hook y Deyermond [17]. Pero dicha narración sirve de base al anónimo autor de la pieza para construir sobre ella un andamiaje cuya estructura teatral no deja, aún hoy, de sorprendernos. Enriquece el primero de los módulos en que he dividido la representación, «dispersando» a sus protagonistas y sometiéndoles a un mismo proceso de duda agónica [18]. Este *agón* inicial supone una «amplificatio» de sumo interés para el diseño dramático de los personajes, a la vez que pretendería simbolizar el sufrimiento universal que espera su liberación con el nacimiento de Cristo. La *peripecia* se inicia en la escena IV la cual, por un lado, aglutina a los personajes del apartado anterior y, por otro, constituye el punto de partida de la acción cuya dinámica irá creciendo en las escenas siguientes. Falta, sin embargo, la *teofanía* que se manifestaría en la adoración propiamente dicha. No es sólo que la materia dramática se ajuste perfectamente a la teoría que Hardison esboza para explicar el desarrollo litúrgico del drama medieval, sino que esta ausencia es aún más llamativa por cuanto los apócrifos insisten en la escena final de presentación de los dones como uno de los elementos esenciales del relato [19].

---

[17] Art. cit., pág. 274.
[18] José Manuel Regueiro recalcaba en su artículo «Rito y popularismo en el teatro antiguo español», cit., la importancia de la teoría desarrollada por Hardison en la explicación del desarrollo del drama litúrgico medieval. Esta estructura ritual interna estaría compuesta por el *agón, peripecia* y *teofanía. (Christian Rite...*, págs. 239-252.)
[19] El *Auto* muestra también su originalidad en el tratamiento peculiar del motivo de los tres regalos. En las obras teatrales románicas de la Edad Media que se inspiran en la Epifanía, los Magos ofrecen sus presentes, oro, incienso y mirra, como símbolo de su creencia en la triple naturaleza de Cristo. En el *Auto,* sin embargo, los tres Reyes, al ofrecer sus regalos, ponen a prueba la divinidad del Niño: «si fure rei de terra, el oro querrá; / si fure omne mortal, la mira tomará; / si rei celestial, estos dos dexará, / tomará el encenso que l'pertenecerá». Señala Sturdevant que esta peculiaridad se encuentra en un solo versículo de un himno del siglo XII y en ciertos poemas narrativos franceses que tratan de la infancia de Cristo, pero sin las implicaciones

Pienso, en consecuencia, que, en su origen, la adoración formaba parte de la pieza y, por simetría de interrelación con el *Ordo Stellae,* creo que constituía la escena final.

Primer acercamiento al estudio de caracteres

En un estudio en el que configura un nuevo esquema dialógico entre los tres reyes, señala Ricardo Senabre cómo «Las tres escenas iniciales [...], sirven para caracterizar a tres personajes que poseen rasgos comunes y, al mismo tiempo, diferencias que los individualizan»[20]. El conflicto de la duda, aunque se refleja en estructuras paralelas en los tres monólogos, permite observar ya tres comportamientos distintos que delinean un somero perfil psicológico. La gradación del escepticismo ante la aparición de la estrella se matiza en cada uno de los parlamentos y, así, Baltasar se propone ver la estrella «por tres noches» en un grado mayor de escepticismo que el que ofrece Gaspar —«otra noche»—, o Melchor el cual, después de manifestar su duda inicial, acepta la señal como verdadera. Este leve esbozo se completa con otros rasgos deducibles de la forma de hablar de cada uno. Así, el carácter de «strelero» de Melchor confiere a su discurso un tono razonador e intelectual mientras que Gaspar y Baltasar ofrecen, por su parte, una dicotomía que gozará de gran fortuna en nuestro teatro: la decisión frente a la duda.

Pero este conflicto de la duda se manifiesta en dos planos distintos: el de los reyes —como hemos visto— y el de Herodes. Todo lo que significa mesura en los primeros se desborda en el segundo en un parlamento

psicológicas que ofrece la pieza castellana *(The Misterio...,* páginas 42-44).

[20] «Observaciones sobre el texto del *Auto de los Reyes Magos»,* en *Estudios ofrecidos a Emilio Alarcos Llorach,* I, Universidad de Oviedo, 1977, pág. 421.

donde la conmoción es el eje del discurso. De ahí el
perfil del monarca, irritado y ansioso al verse enfren-
tado a un conflicto que no sabe resolver. La violencia
verbal de Herodes en el *Auto* proviene de la tradición
y está muy arraigada en el teatro medieval [21], pero lo que
resulta absolutamente novedoso es la concreción en un
elemento externo de ese conflicto interior suyo.

Con esto se llega a la última escena que contribuye
notablemente a la alta valoración positiva de la obra por
la crítica [22]. Ya he señalado la originalidad de la disputa
de los rabinos que en todo el ámbito teatral europeo
aparece sólo en el *Auto* [23]. La escena llama la atención
por su dramaticidad, cómica y trágica a la vez, y, en
especial, por su tema. Muchos investigadores han
señalado que la idea vertebradora del *Auto* es la oposición entre dos órdenes: el Antiguo y el Nuevo Testamento, el poder humano de Herodes y el divino de
Cristo. El verso 113, cuando Herodes dice «el seglo va
a çaga», encierra una ironía dramática por cuanto el
mundo no va atrás en el sentido que el monarca expresa,
pero sí en el de la búsqueda de un paraíso perdido, por
el pecado de Adán, que el hombre recobrará con el nacimiento y muerte de Cristo [24]. Los rabinos comparten
el error de Herodes y, ciegos ante la revelación que les
ofrecen los Magos, no entienden el valor de signo de sus
propias escrituras.

---

[21]   En el *Herodes* de Fleury, al leerse las profecías del nacimiento
del Mesías, el monarca arroja las santas escrituras al suelo. Véase
Richard Axton, *The European Drama of the Early Middle Ages,*
Londres, Hutchinson, 1974, págs. 78-79.

[22]   Peter Dronke, *Poetic Individuality in the Middle Ages. New
Departures in Poetry 1000-1150,* Oxford, Clarendon, 1970, páginas 5-6; Axton, *The European Drama...,* págs. 105-108.

[23]   Sturdevant, *op. cit.,* págs. 60-61.

[24]   David W. Foster, «Figural Interpretation and the *Auto de los
Reyes Magos*», en *Romanic Review,* LVIII (1967), págs. 3-11. Foster
repite lo sustancial del artículo en su libro *Christian Allegory in Early
Hispanic Poetry,* Lexington, University Press of Kentucky, 1970,
páginas 22-28.

Escenografía

El estudio de W. T. Shoemaker [25] sobre la escenografía en el teatro español de los siglos XV y XVI, puede servirnos de pauta para imaginar el «escenario» medieval. La técnica se basaba en el desdoblamiento del espacio en distintos escenarios, visibles al público, constituyendo una suerte de decorados simultáneos. Aunque su distribución física podía verificarse tanto en forma vertical como horizontal, hemos de pensar que, en un primer estadio —y aún después—, la forma habitual fue la horizontal por resultar menos costosa y por facilitar el movimiento de los personajes en la dinámica de la acción [26]. Por un lado, estos pequeños escenarios secundarios permiten la posibilidad permanente de cambio de escena a la vista del público y, por otro, ofrecen la fórmula de una «simultaneidad» dramática que no excluye un desarrollo del conflicto escénico en varios espacios a la vez.

Según esto, el desarrollo escénico del *Auto* podría realizarse en dos espacios simultáneos. Hemos de pensar que, en un primer momento, la representación tendría lugar en el interior de los templos. Por tanto, el presbiterio, separado por el Altar Mayor, podría, perfectamente, ceñirse a esta división espacial. En el ángulo izquierdo se desarrollarían las cuatro primeras escenas, mientras en el derecho se llevaría a cabo el encuentro con Herodes y escenas posteriores.

---

[25] «Los escenarios múltiples en el teatro español de los siglos XV y XVI», en *Cuadernos del Instituto del Teatro*, 2 (1957), págs. 1-154. (Versión española de *The multiple stage in Spain during the Fifteenth and sixteenth centuries and sixteenth centuries* (Princeton, Princeton University Press, 1935. Reimp., Wesport, Greewood Press, 1973) y «Windows on the spanish stage in the sixteenth century», *Hispanic Review*, 2 (1934), págs. 308-318).

[26] Con todo, las formas de tablado múltiple vertical eran extraordinariamente útiles en los casos en los que debían hacerse patentes al público visiones celestiales. Son frecuentes aquéllas en que figuras de ángeles descendían al tablado inferior, o bien criaturas humanas ascendían al cielo.

Métrica del «Auto»

La versificación del *Auto* ha sido estudiada por Aurelio M. Espinosa [27], quien divide la obra en cinco secciones de acuerdo con los cambios de metro. Aunque en cada sección no faltan irregularidades métricas —que Espinosa atribuye a defectos de copia— siempre predomina un tipo de verso. No deja de sorprender la admirable adecuación de la medida del verso al contenido semántico. Del verso eneasílabo en los tres monólogos iniciales, pasamos a un predominio del alejandrino en la escena IV. La solemnidad de las mutuas presentaciones requiere un ritmo más pausado que el marcado anteriormente. Y lo mismo sucede en la escena siguiente. Ahora bien, el estado anímico de Herodes, al final de la escena V y en la siguiente, rompe toda contención y será el heptasílabo el que enmarque su expresión, cerrándose de nuevo el texto con el eneasílabo inicial. En resumen, tres medidas —eneasílabo, alejandrino y heptasílabo— configuran el panorama métrico del *Auto* que, bien solos o combinados, se agrupan en pareados como forma estrófica.

Esta variedad de formas métricas, aparte de lo que supone para el enriquecimiento de la pieza y como indicio de la tendencia polimétrica que más tarde se convertirá en un sello característico del teatro español, convierte al *Auto de los Reyes Magos* en «el primer texto castellano que ofrece ejemplos definidos de varios metros que habían de desempeñar papel importante en la poesía castellana» [28].

La importancia de la pieza radica, pues, no sólo en su valor intrínseco sino en el valor testimonial que cobra en el estudio del teatro europeo. Es el único drama del siglo XII compuesto enteramente en una lengua ver-

---

[27]   «Notes on the Versification of *El Misterio de los Reyes Magos*», *Romanic Review*, 6 (1915), págs. 378-401.

[28]   Tomás Navarro Tomás, *Métrica española*, Nueva York, Syracuse University Press, 1956, pág. 59.

nácula y es, también, el drama más antiguo relacionado con el *Ordo Stellae* que se ha conservado en lengua vulgar. Su madurez dramática presupone una tradición que rompe con la tan repetida imagen de la «flor exótica» en un desierto panorama teatral. De hecho, como documentan Carmen Torroja y María Rivas, en las fiestas toledanas del Corpus de 1502 se representó todavía el *Auto de los Reyes Magos* [29].

_____

[29]   *Teatro en Toledo,* págs. 66 y sig.

BIBLIOGRAFÍA

AMADOR DE LOS RÍOS, J.: *Historia crítica de la literatura española,* III, Madrid, 1863.

DRONKE, P.: *Poetic Individuality in the Middle Ages. New Departues in Poetry 1000-1150,* Oxford, Clarendon, 1970.

ESPINOSA, A. M.: «Notes on the Versification of el *Misterio de los Reyes Magos», Romanic Review,* 6 (1915), págs. 378-401.

FORD, J. D. M.: *Old Spanish Readings,* Boston, Ginn, 1906.

FOSTER, D. W.: *Christian Allegory in Early Hispanic Poetry,* Lexington, University Press of Kentucky, 1970.

FOSTER, D. W.: «Figural Interpretation and the *Auto de los Reyes Magos», Romanic Review,* 68 (1967), páginas 3-11.

HOOK, D., y DEYERMOND, A.: «La terminación del *Auto de los Reyes Magos», Anuario de Estudios Medievales,* 13 (1983), págs. 269-278.

LAPESA, R.: «Sobre el *Auto de los Reyes Magos:* sus rimas anómalas y el posible origen del autor», en *Homenaje a Fritz Krüger,* II, Mendoza, 1954, páginas 591-599.

LAPESA, R.: *De la Edad Media a nuestros días,* Estudios de historia literaria, Madrid, Gredos, 1967.

MENÉNDEZ PIDAL, R.: *Cantar de Mio Cid,* I, 1908.

MENÉNDEZ PIDAL, R.: *«Auto de los Reyes Magos»,*

Revista de Archivos, Bibliotecas y Museos, 4 (1900), págs. 435-462.

MENÉNDEZ PIDAL, R.: «Disputa del alma y el cuerpo y *Auto de los Reyes Magos*», en sus *Obras completas,* XII. *Textos medievales españoles,* Madrid, Espasa-Calpe, 1976, págs. 161-177.

MENÉNDEZ PIDAL, R.: *Poema de Mio Cid y otros monumentos de la primitiva poesía española,* Madrid, 1919, págs. 144-145.

SANTOS OTERO, A. DE: *Los Evangelios apócrifos,* Madrid, Biblioteca de Autores Cristianos, 1963.

SENABRE SEMPERE, R.: «Observaciones sobre el texto del *Auto de los Reyes Magos*», en *Estudios ofrecidos a Emilio Alarcos Llorach,* I, Universidad de Oviedo, 1977, págs. 417-432.

SHOEMAKER, W. T.: «Los escenarios múltiples en el teatro español de los siglos XV y XVI», *Cuadernos del Instituto del Teatro,* 2 (1957), págs. 1-154.

SOLÁ-SOLÉ, J. M.: *«El Auto de los Reyes Magos:* ¿Impacto gascón o mozárabe?»*, Romance Philology,* 29 (1975), págs. 20-27.

STURDEVANT, W.: «The *Misterio de los Reyes Magos.* Its position in the Development of the Medieval Legend of the Three Kings», Baltimore-París, Johns Hopkins University Press y Presses Universitaires de France, 1927.

TOMÁS NAVARRO, T.: *Métrica española,* Syracuse University Press, Nueva York, 1956.

VALBUENA PRAT, A.: *Historia de la Literatura española,* I, Barcelona, 1946. Edición reciente en Barcelona, Gili, 1981, con adiciones de A. Prieto.

WARDROPER, B. W.: «The Dramatic Texture of the *Auto de los Reyes Magos*», *Modern Language Notes,* 70 (1955), págs. 46-50.

ANÓNIMO

AUTO DE LOS REYES MAGOS *

[ESCENA I]

[CASPAR]

¡Dios criador, quál maravilla,
no sé quál es achesta strela!
Agora primas la é veida,
poco tiempo á que es nacida.
¿Nacido es el Criador,   5
que es de las gentes senior?
Non es vertad, non sé qué digo;
todo esto non vale un figo.
Otra nocte me lo cataré:
si es vertad, bine lo sabré. *[Pausa.]*   10
¡Bine es vertad lo que io digo;
en todo, en todo lo prohío!

---

* Sigo la edición de Menéndez Pidal en *RABM,* IV, 1900, páginas 453-462. El orden de intervención de los Reyes no tiene más
apoyatura que la validez que pueda darse al hecho de que en el último
folio del manuscrito aparezcan, fuera del texto y escritos vertical-
mente: Caspar, Baltasar, Melchior. Como he dicho, incorporo las
modificaciones de distribución de los parlamentos de cada uno que
ha propuesto Ricardo Senabre apoyándose en la coherencia psico-
lógica de los personajes.

Non pudet seer otra sennal;
achesto es, i non es ál:
nacido es Dios, por ver, de fembra   15
in achest mes de december.
Alá iré o que fure, aoralo é,
por Dios de todos lo terné.

[ESCENA II]

[BALTASAR]

Esta strela non sé dond vinet,
quin la trae o quin la tine.   20
¿Por qué es achesta sennal?
En mos días [n]on vi atal.
Certas nacido es en tirra
Aquél qui en pace i en guera
senior á a seer da Oriente   25
de todos hata in occidente.
Por tres noches me lo veré
i más de vero lo sabré. [Pausa.]
¿En todo, en todo es nacido?
Non sé si algo é veido.   30
Iré, lo aoraré,
i pregaré i rogaré.

[ESCENA III]

[MELCHIOR]

Val, Criador, ¿atal facinda
fu nunquas alguandre falada
o en escriptura trubada?   35
Tal estrela non es in celo,
desto só io bono strelero.
Bine lo veo sines escarno,

que uno omne es nacido de carne,
que es senior de todo el mundo, 40
asi cumo el cilo es redondo;
de todas gentes senior será
i todo seglo iugará.
¿Es? ¿Non es?
Cudo que verdad es. 45
Veer lo é otra vegada,
si es verdad o si es nada. *[Pausa.]*
Nacido es el Criador,
de todas las gentes maior.
Bine lo veo que es verdad; 50
iré alá, par caridad.

[ESCENA IV]

[BALTASAR a MELCHIOR]

Dios vos salve, senior, ¿sodes vos strelero?
Dezidme la vertad, de vos sabelo quiro.

[CASPAR a MELCHIOR]

[¿Vedes tal maravilla?]
[Nacida] es una strela. 55

[MELCHIOR]

Nacido es el Criador,
que de las gentes es senior.

[BALTASAR]

Iré, lo aoraré.

[CASPAR]

Io otrosí rogar lo é.

[*MELCHIOR*]

Seniores, ¿a quál tirra, ó que[redes] andar?   60
¿Queredes ir conmigo al Criador rogar?
¿Avedes lo veído? Io lo vo [aor]ar.

[*CASPAR*]

Nós imos otrosí, si l'podremos falar.

[*MELCHIOR*]

Andemos tras el strela, veremos el logar.

[*BALTASAR*]

¿Cúmo podremos provar si es homne mortal,   65
o si es rei de terra o si celestrial?

[*MELCHIOR*]

¿Queredes bine saber cúmo lo sabremos?
Oro, mira i acenso a él ofreçremos:
si fure rei de terra, el oro querá;
si fure omne mortal, la mira tomará;   70
si rei celestrial, estos dos dexará,
tomará el encenso que l'pertenecerá.

[*CASPAR a BALTASAR*]

Andemos i así lo fagamos.

[ESCENA V]

[*CASPAR a HERODES*]

Sálvete el Criador, Dios te curie de mal,
un poco te dizeremos, non te queremos ál.   75

[MELCHIOR a HERODES]

Dios te dé longa vita i te curie de mal.

[BALTASAR a HERODES]

Imos en romería aquel rei adorar,
que es nacido en tirra, no l'podemos fallar.

[HERODES]

¿Qué dezides? ¿Ó ides? ¿A quin ides buscar?
¿De quál terra venides? ¿Ó queredes andar?   80
Decidme vostros nombres, no m' los querades celar.

[CASPAR]

A mí dizen Caspar,
est otro Melchior, ad achest Baltasar.

[BALTASAR]

Rei, un rei es nacido, que es senior de tirra,
que mandará el seclo en grant pace sines gera.   85

[HERODES]

¿Es así, por vertad?

[MELCHIOR]

Sí, rei, por caridad.

[HERODES]

¿I cúmo lo sabedes?
¿Ia provado lo avedes?

[MELCHIOR]

Rei, vertad te dizremos,   90
que provado lo avemos.

[CASPAR]

Esto es grand ma[ra]villa,
una strela es nacida.

[MELCHIOR]

Sennal face que es nacido
i in carne humana venido.   95

[HERODES]

¿Quánto i á que la vistes
i que la percibistis?

[BALTASAR]

Tredze días á,
í mais non averá,
que la avemos veída   100
i bine percebida.

[HERODES]

Pus andad i buscad
i a Él adorad
i por aquí tornad.
Io alá iré   105
i adoralo é.

[ESCENA VI]

[HERODES]

¿Quin vio numquas tal mal,
sobre rei otro tal?

Aún non só io morto
nin so la terra pusto, 110
¿rei otro sobre mí?
¡Numquas atal non vi!
El seglo va a çaga,
ia non sé qué me faga.
Por vertad no lo creo 115
ata que io lo veo.
Venga mio maiordo[ma],
qui míos averes toma. *[Sale el mayordomo.]*
Idme por mios abades
i por mis podestades 120
i por mios scrivanos
i por meos gratmatgos
i por mios streleros
i por mios retóricos.
Dezir m'an la vertad, si iace in escripto 125
o si lo saben elos o si lo an sabido.

[ESCENA VII]

[Salen LOS SABIOS de la Corte]

Rei, ¿qué te plaz? Henos venidos.

[HERODES]

¿I traedes vostros escriptos?

[LOS SABIOS]

Rei, sí traemos,
los meiores que nos avemos. 130

[HERODES]

Pus catad,
dezidme la vertad,

si es aquel omne nacido,
que esto tres rees m'an dicho.
Di, rabí, la vertad, si tú lo as sabido.   135

[EL RABÍ]

Po[r] veras vo lo digo,
que no lo [fallo] escripto.

[Otro rabí al primero.]

¡Hamihalá, cúmo eres enartado!
¿Por qué eres rabí clamado?
Non entendes las profecías,   140
las que nos dixo Ieremías.
¡Par mi lei, nos somos erados!
¿Por qué non somos acordados?
¿Por qué non dezimos vertad?

[RABÍ PRIMERO]

Io non la sé, par caridad.   145

[RABÍ SEGUNDO]

Porque non la avemos usada,
ni en nostras vocas es falada.

FRAY ÍÑIGO DE MENDOZA

[AUTO PASTORIL NAVIDEÑO]

INTRODUCCIÓN

En la literatura castellana medieval no se documenta ningún texto específicamente «teatral» de lo que podemos denominar «auto de pastores». Sin embargo, en la poesía narrativa del siglo XV aparecen exponentes significativos de lo que pudieran ser las representaciones de este tipo. Sin duda el más claro lo encontramos en las tan conocidas "Coplas pastoriles" de la *Vita Christi* de fray Íñigo de Mendoza. Rodríguez Puértolas conjetura razonablemente la existencia de tres redacciones sucesivas de esta obra, cada una de las cuales vendría a constituir «un diferente estado de la evolución del texto, que culmina definitivamente con la impresión de 1482» [1]. Si a partir de la copia del *Cancionero de Oñate-Castañeda,* que recoge la versión más antigua de la primera redacción, con posible datación entre 1467 y 1468 [2], se realiza una colación de textos de sucesivas redacciones

---

[1] Julio Rodríguez Puértolas, *Fray Íñigo de Mendoza y sus coplas de «Vita Christi»,* Madrid, Gredos, 1968, pág. 84.

[2] Los códices que, según Rodríguez Puértolas, contienen las copias de una primera redacción son: *a)* el Oñate-Castañeda; *a1)* el Ms. de la Biblioteca National de París, Esp. —305, antiguo 8.165; *a2)* el Ms. Egerton-939 del British Museum; *a3)* un manuscrito que estaba, al parecer, en poder de Eugenio Montes y del que Dámaso Alonso anotó las variantes respecto del texto impreso. Hay que añadir ahora, como *a4),* otra copia que yo misma he encontrado y de la que di noticia en el III Congreso de la Asociación Hispánica de Literatura Medieval; se encuentra en el Ms. 2.139 de la Biblioteca Universitaria de la Universidad de Salamanca.

y del texto impreso en la edición príncipe, se advierte de inmediato que el *Auto pastoril* inserto en aquélla ha ido incrementándose en un proceso de amplificación que termina por alterar la coherencia dramática primera.

Estructura dramática

En la versión del Ms. de Oñate-Castañeda, el *auto pastoril* inserto en las coplas de *Vita Christi* comprende las coplas 128-141, perfectamente divisibles en tres escenas.

ESCENA I   (Coplas 128-131) Diálogo de los pastores
ESCENA II (Coplas 131-135) Anuncio del ángel
ESCENA III (Coplas 136-141) Nuevo diálogo entre
                                               pastores y adoración.

El eje dramático se sitúa en el anuncio del ángel, cuya aparición y las noticias de que es portador motivan la «amplificatio» del tema en los diálogos de los pastores. La figura del «narrador» enlaza las tres escenas y suple, al final, la adoración propiamente dicha.

En la primera escena dos pastores —Domingo Ramos y Juan Pastor—, mirando hacia un lado de la misma, refieren la visión de un hombre que viene volando y discuten entre sí, para reflejar ante el auditorio lo que el propio autor llama en la copla 132 «rudez inocente».

La segunda escena pudo muy bien ser desarrollada mediante otro actor que, «cantando», realiza el anuncio. Creo que su canto se limita a la segunda parte de la misma copla 132, al concreto villancico: «Alegría, alegría, / gozo, plazer sin dolor, / qu'en este preçioso día, / quedando virgen María, / a parido el Salvador.» En la copla 135 el narrador suple lo que en la representación era, sin duda, función del coro evocador del coro angélico.

En la tercera escena, los dos pastores continúan su diálogo, dudando si ir o no al portal, mientras que en la copla 141 el narrador resume su efectiva ida al mismo y su regreso «hasta donde estavan d'ante».

A primera vista puede extrañar que lo que en el litúrgico *Officium Pastorum* y en la estructura del *auto* era núcleo —la adoración ante el pesebre— aparezca referida aquí de modo indirecto. La razón, sin embargo, es bien sencilla: en ninguno de los autos posteriores conservados se recogen parlamentos de pastores en el portal de Belén; en todos ellos, por el contrario, los pastores se limitan a llegar, postrarse de rodillas y ofrecer los dones. Exactamente lo que el narrador resume en la citada copla.

La depuración del texto que aporto, pone de relieve su coherencia dramática, pero cuando se compara con el de la edición príncipe salta a la vista que el impreso es el resultado de ese proceso de ampliación a que antes he aludido. Las diferencias se centran, de forma llamativa, en las coplas en que los pastores dialogan entre sí, en tanto que se reducen a variantes muy concretas en las coplas ceñidas al mensaje evangélico. Así, las cuatro coplas iniciales del texto del Oñate se amplifican hasta diez (123-132) en el impreso, con variantes de importancia. También con variantes destacables, se amplían a cinco las cuatro coplas que en el Oñate constituyen el anuncio del ángel. Y ya, en el tercer apartado, el número de coplas es ostensiblemente superior en la edición que en el manuscrito de Oñate.

Es en el núcleo temático del auto —aparición angélica y revelación o anuncio del ángel a los pastores— donde se concentran las diferencias de número de coplas y las variantes más significativas. Las coplas que se añaden en la edición en el primer apartado, reflejan un mero interés costumbrista, referido a vestidos e instrumentos pastoriles así como a una expresión lingüística arrusticada. Llegan incluso a romper la ilación del diálogo y, por ende, la coherencia dramática. En el texto que sigo, los dos interlocutores —Domingo Ramos y Juan Pastor— se dibujan nítidamente: uno, amedrentado y cobarde; el otro confiado y bravucón. Fray Íñigo confiere a cada uno de los pastores una personalidad definida, remarcada en un diálogo de absoluta coherencia, la cual, sin embargo, en el texto de la príncipe se trunca y altera con la inclusión de parlamentos que, en realidad, no se sabe a quién atribuir.

En el segundo apartado —la «revelación» o anuncio del ángel— las divergencias se centran en la copla 135, en la que el texto del Oñate sigue casi al pie de la letra el relato evangélico de Lucas: —«Porque non lo dudéys / partyd con esta señal: / quando a Belén llegaréys / luego al Niño veréys / en un pobrecillo portal...»—, mientras que el de la edición se extiende en una paráfrasis. Esa misma contención se advierte en el tercer apartado, confuso e incoherente en la príncipe, con una concesión al dramatismo fácil, mientras la versión del Oñate evita reiteraciones innecesarias.

Este proceso de barroquización que se advierte en la edición príncipe en comparación con el texto del Oñate [3], nos enfrenta a un problema ineludible. ¿Hasta qué punto podemos considerar a fray Íñigo de Mendoza autor de esas coplas que no aparecen en los manuscritos que recogen la primera redacción de la *Vita Christi* —caso del Oñate— y que rompen la coherencia dramática? Podría señalarse que lo dramático está supeditado en ese caso a lo narrativo y que, en definitiva, utilizando una técnica de la retórica clásica, bien conocida de la predicación franciscana —aflojar la cuerda del arco para reposar la atención de los lectores—, fray Íñigo pudo haber amplificado, de una a otra redacción, los elementos costumbristas. Ante este proceso, surgen, inevitablemente, dos reflexiones: 1.ª Aún supeditándola a una forma narrativa, en la mente del autor y en la de los destinatarios, funcionaba sin duda la referencia

---

[3]   He prescindido de los textos del resto de los manuscritos por no complicar demasiado algo que queda sobradamente claro en la confrontación del texto del manuscrito de Oñate-Castañeda y el de la príncipe.

implícita a los autos pastoriles, y ésta tenía que ser por fuerza más eficaz en la medida en que mejor se apreciara la trabazón dramática. 2.ª Resultan sobre todo sospechosas aquellas modificaciones en las que el texto de la edición príncipe se aparta del tenor del relato evangélico, al que discurría ceñido en la primera redacción.

Es fácil, a mi juicio, comprender la naturaleza del proceso: en una composición como la *Vita Christi* destinada a ser transmitida oralmente para la instrucción popular, el pueblo tuvo que sentir como especialmente cercanas las «Coplas pastoriles», tanto en los ambientes propiamente rústicos como en los cortesanos que jugaban con lo rústico. El texto original de fray Íñigo resultaba, así, frágil para mantenerse incólume ante las variantes, y enormemente sugestivo, a la vez, para provocar adiciones. Éstas podían tener como fuente escenas realmente desarrolladas en muchos autos pastoriles representados en la Navidad o simplemente la imaginación de cualquier transmisor por recitación o copia. No deja de resultar sintomática a este respecto la adición en la príncipe —y en los otros manuscritos— de la escena en la que los pastores que han ido a Belén narran con posterioridad lo que han visto.

La estructura dramática del *auto,* bien que flexible, no permitía incrementar la «amplificatio» *ad infinitum;* pero el pueblo gozaba con las escenas rústicas y había que buscar un nuevo espacio de oportunidad para ello. En las pastoradas que hoy se conservan en León, ese espacio ha sido desplazado, con evidente mayor sentido de la oportunidad, a una primera parte preparatoria del *auto.*

En todo este proceso asistimos a un progresivo enriquecimiento de las representaciones navideñas. Partiendo del texto de la primera redacción de las coplas de *Vita Christi* —que aquí recojo—, con una estructura teatral perfectamente definida, el texto de la príncipe ofrece una barroquización progresiva sumamente interesante para fijar el tránsito del teatro medieval al teatro renacentista.

[AUTO PASTORIL NAVIDEÑO] *

[ESCENA I]

[NARRADOR]

127 Pasemos de los señores,
    qu'el ángel d'ellos pasado
    es ya ido a los pastores,
    pobrezillos pecadores,
    a do están con su ganado;   5
    andemos, aína, andemos,
    con congoxoso deseo,
    por que atal ora lleguemos
    que todos juntos cantemos:
    Gloria in eçelsis Deo.   10

128 Corramos por ver siquiera
    aquella gente aldeana
    cómo se espanta y altera
    por ver de nueva manera
    en el aire forma umana,   15
    diziendo con gran temor
    el uno al otro tenblando:
    —Cata, cata, Juan Pastor,

---

* Sigo el texto del manuscrito Oñate-Castañeda cuya copia me ha
facilitado generosamente el profesor Michel García. Introduzco entre
corchetes la división de escenas y la atribución, dentro de ellas, de los
parlamentos.

yo juro a mí, pecador,
un onbre viene bolando.   20

Responde el otro

129 —Ya lo veo, juro a mí,
di que pued'aquellotrar,
que del día en que naçí,
nunca yo tal cosa vi
ni pastor d'este lugar;   25
daca, y vamos, Minguillo,
antes que aquél nos vea,
nuestro poco a poquillo
por tras este colladillo,
vamos dezillo al aldea.   30

Dize el otro

130 —Cata, Juan, bien lo querría
mas estó tan pavorido
que mudar no me podría,
segund es la medrosía
qu'en el cuerpo m'á metido;   35
y tanbién, si mientra vamos
bolando desaparece,
cata, Juan, dirán qu'entramos
o que borrachos estamos
o qu'el seso nos falleçe.   40

[JUAN]

131 —Pues asmo que, jura diez,
bien será que no fuyamos,
mas que sepamos quién es
por que podamos después
jurar cómo le fablamos;   45
que no puedo maginar,
agora fablando a veras,

      que onbre sepa volar
      si no es Juan Escolar
      que sabe d'encantaderas.   50

[ESCENA II]

[*NARRADOR*]

132 Mientra estavan altercando
      con un rudez inocente,
      llegó el ángel relunbrando
      y començóles, cantando,
      a dezir muy dulçemente: 55
      «Alegría, alegría,
      gozo, plazer sin dolor,
      qu'en este preçioso día,
      quedando virgen María,
      ha parido al Salvador.   60

133 Es ya vuestra umanidad
      por este fijo de Dios,
      libre de cativad
      y quita la enemistad
      d'entre nosotros y vos;   65
      y vuestra muerte primera
      con su muerte será muerta,
      y, luego que aqueste muera,
      en el çielo vos espera
      a todos a puert'abierta.   70

134 Y por que no lo dubdéis
      partid con esta señal,
      que, cuando a Belén lleguéis,
      luego al niño fallaréis
      en un pobrezillo portal;   75
      . . . .
      ¡o, varones sin engaños!,

veréis en carne umanal
la presona filïal
enpañada en viles paños.»   80

135 El ángel qu'esto dezía,
angelical muchedunbre
se llegó a su conpañía,
y cantavan a porfía,
con çelestial dulçedunbre,   85
las eternas maravillas
de la bondad soberana,
el Reparo de sus sillas,
el lavar de las manzillas
de toda la carne umana.   90

[ESCENA III]

Diz el otro pastor

136 Minguillo, ea, levanta,
no m'estés más en enpacho
que, segund éste nos canta,
alguna cosa muy santa
deve ser este mochacho;   95
y veremos a María,
que, jura hago a mi vida,
quiçá le preguntaría
esto cómo ser podría
quedar virgen y parida.   100

[MINGUILLO]

137 A buena fe salva digo
que puedes asmar de tanto,
que, si no fueses mi amigo,
allá no fuese contigo
segund que tengo el espanto;   105

que, oy, a pocas estava
de caer muerto en el suelo,
cuando el onbre que bolava
viste cómo nos cantava
qu'era Dios este moçuelo.

110

¹³⁸ Y no puedo estorçijar
de lo que tú, Juan, as gana,
que tú bien fuiste a bailar
cuando te lo fui rogar
allá a las bodas de Juana;
mas lieva allá el caramillo,
los albogues y el rabé
con que fagas al chiquillo
un huerte son agudillo,
y quiçá yo bailaré.

115

120

¹³⁹ Pues luego, de mañanilla,
tomemos nuestro endeliño,
y vaya en esta çestilla
puesta alguna mantequilla
para la madre del niño;
y si, ende, están garçones,
como es día de domingo,
fazme tú, Juan, de los sones
que sabes de saltejones
y verás cuál anda Mingo.

125

130

¹⁴⁰ Por ende, daca, vayamos,
quede a Pascual el ganado;
mas, cata, si allá llegamos,
qu'entremos juntos entramos
qu'estó muy amedrentado;
ca segúnd el enbaraço,
y medrosía y pavor
que con aquel su collaço
ovimos, todo m'enbaço
de ir delant'el Señor.

140

[NARRADOR]

141 Andovieron y llegaron
     segund les era mandado,
     y entraron y miraron,
     y toda verdad fallaron
     quanto les era contado;   145
     y tanto se alteraron
     de la vista del infante
     que, después, cuando tornaron,
     palabra no se hablaron
     hasta donde estavan d'ante.   150

GÓMEZ MANRIQUE

REPRESENTACIÓN DEL NAÇIMIENTO [LAMENTACIONES] FECHAS PARA LA SEMANA SANTA MOMOS

INTRODUCCIÓN

Nace Gómez Manrique en Tierra de Campos en 1412 y muere en Toledo en 1490. Hombre de armas y letras, su dilatada existencia le permite tomar parte en los acontecimientos políticos más destacados del siglo XV. Fue enemigo de don Álvaro de Luna, partidario del infante don Alfonso en tiempo de Enrique IV, y, a la muerte de aquél, de la futura reina doña Isabel, en cuyo servicio se distinguió. Estuvo presente en la Concordia de los Toros de Guisando que puso fin a la guerra civil castellana, y al frente de cien caballeros, le correspondió el honor de ir a recibir a don Fernando de Aragón cuando venía a Castilla para desposar a la Reina Católica. Como corregidor de Toledo contuvo a su arzobispo don Alfonso Carrillo, que quería entregar la plaza a la Beltraneja, y fue después en nombre de los reyes de Castilla a retar al rey Alfonso V de Portugal.

A su muerte, en el inventario de los bienes destaca la nutrida y selecta biblioteca, casi comparable a la del marqués de Santillana. En su época fue considerado como un notable poeta pero son sus obras dramáticas, de carácter ocasional, las que le confieren un lugar destacado en nuestra historia literaria. Así, escribe la *Representación del Naçimiento de Nuestro Señor* a intancias de su hermana doña María Manrique, vicaria en el convento de clarisas de Calabazanos. La comunidad franciscana se traslada a este monasterio en el año 1458; por tanto, la redacción de la obra hubo de verificarse entre esta fecha y la de 1481, año en que el poeta finaliza la compilación de sus obras a petición de don Rodrigo Alonso Pimentel. Kohler [1] apunta al período comprendido entre 1476 y 1481 como el más probable para la composición de la *Representación,* dada la relativa tranquilidad de que el autor goza en esos años en que desempeña el cargo de corregidor de Toledo.

Del «Officium Pastorum» a la «Representación»

La crítica, en general, no se ha mostrado demasiado entusiasta con las posibilidades dramáticas de la pieza [2]. Creo, sin embargo, que la *Representación* ofrece un valor incuestionable en la evolución del teatro medieval. Nos encontramos, por primera vez, ante una pieza de teatro «cortesano» o de «salón». En este sentido, la imaginativa restauración escénica que ofrece Fernando Lázaro Carreter [3], proyectándola sobre un claustro monacal y haciendo participar en ella a monagos y mozos, no puede ser considerada más que como una recreación actualizada. Pero sobre el tema volveré más adelante.

En segundo lugar, porque la pieza significa un enriquecimiento en comparación con el enjuto esquema del

---

[1]   Eugen Kohler, *Sieben spanische drammatische Eklogen,* Dresden, Gessellschatft der Romanische Literatur, 1911, pág. 4.

[2]   Así, F. Ruiz Ramón en su *Historia del Teatro Español* (Madrid, Alianza, 1967, pág. 23), declara: «Apenas si significa algo en la historia del teatro medieval español, como no sea mostrar su radical menesterosidad.» Incide en esta opinión Fernando Lázaro en su *Teatro medieval* (Madrid, Castalia, 1958, pág. 44), cuando dice: «La obrita de Manrique es, pues, un testimonio indirecto, pero claro, del páramo teatral en que surge.» Alguno, más generoso en sus juicios, como Edilberto Marbán (*El teatro español medieval y del Renacimiento,* Nueva York, Las Américas, 1971, pág. 48) habla de un «teatro incipiente» y de una «incursión accidental en el teatro». Otros estudios, como más adelante veremos, no son tan negativos al destacar, si bien mesuradamente, algunos aspectos dramáticos de la pieza.

[3]   *Teatro medieval,* págs. 107-115.

Officium Pastorum. El escueto diálogo cantado y estrictamente ceñido al texto evangélico del «Quem quaeritis», se ve desarrollado en el teatro sacro en escenas que en el «tropo» inicial sólo están insinuadas verbalmente. Así, la escenificación del «anuncio» del ángel a los pastores (documentada por el famoso texto de las *Partidas*[4]), o la escenificación del diálogo que los pastores sostienen entre sí antes de decidirse ir a Belén, con base, ambas, en el evangelio de San Lucas[5] quien cuenta cómo los pastores hablaban entre ellos después de oír las palabras del ángel.

En el siglo XV, tal como documentan *el auto pastoril navideño* de Mendoza y esta pieza de Gómez Manrique, al «núcleo» básico se han añadido ya: *a*) el anuncio del ángel; *b*) la discusión de los pastores entre sí. La *Representación* se amplifica, en simetría con la adoración de los pastores, con la de los tres arcángeles.

Otros temas

Pero no sólo supone la pieza de Manrique un avance respecto al núcleo del *Officium Pastorum*. Incorpora otros temas que la poesía sagrada de la época ha popularizado. Así, por poner un ejemplo, la duda de José, que abre la representación. La escena tiene como fuente inmediata el evangelio de San Mateo[6], pero el tratamiento de la figura —«anciano», «de poco seso»—, proviene de los apócrifos y de la tradición popular. El tono realista en que José expresa sus dudas y el hecho de que la disipación de sus temores por el ángel no se verifique a través de un «sueño» o «visión», siguiendo el texto evangélico, han llevado a los críticos a las más peregrinas interpretaciones sobre la simbología de esta

---

[4] Véase la «Introducción General», págs. 23 y sig.
[5] Lucas, II, 8-17.
[6] Mateo, I, 20-23.

escena inicial [7]. Pienso, sin embargo, que estos «cuadros» que componen la primera escena, no tienen otra finalidad que subrayar la virginidad de María, tema, por lo demás, muy de actualidad en la época.

Mucho mayor interés tiene —por constituir eje dramático— la visión que la Virgen tiene de la Pasión en la escena III, visión que se complementa dramáticamente con la presentación al Niño Dios de los símbolos de la Pasión en la escena VI. La primera sólo se configura en el Evangelio por boca de Simeón cuando dice: «... He aquí que éste está puesto para caída y resurgimiento de muchos en Israel, y como señal a quien se contradice y a ti misma una espada te traspasará el alma...» [8]. De la escena VI no faltan antecedentes en la poesía sagrada del XV. Así, en las «décimas» de fray Ambrosio Montesino, «De lo que el angel respondio en el Huerto a Cristo, cerca de la oracion que al padre hizo», el mismo ángel consolador presenta a Cristo el cáliz, la corona de espinas, el látigo, la columna, los clavos y la lanza. Michel Darbord señala el gran papel desempeñado por los instrumentos de la Pasión en el arte del siglo XV [9] y de cómo Montesino une esta tradición al texto de San Lucas [10]. El acierto dramático de Manrique estriba en la traslación de esta dolorosa escena al momento gozoso de la Natividad. La dilogía

---

[7]   Así, Valbuena Prat llega a decir que José se expresa «en términos casi propios de un marido lopesco o calderoniano». (*Literatura dramática española,* Barcelona, Labor, 1950, pág. 17); por su parte, Stanislao Zimic monta toda una teoría en la que confiere al monólogo inicial un sentido trascendente de negación de la divinidad de Cristo, al mismo tiempo que apunta a la «deshonra» sufrida por José como preocupación del hombre español del XV. («El teatro religioso de Gómez Manrique (1412-1491)», *Boletín de la Real Academia Española,* 1977, págs. 353-400).

[8]   Lucas, II, 34-35.

[9]   *La poésie religieuse espagnole des Rois Catholiques a Philippe II,* París, Centre de Recherches de l'Institut d'Études Hispaniques, 1965, pág. 198.

[10]   Lucas, XXII, 43.

—gozo/dolor— se convierte así en la columna vertebral de la pieza.

Técnica teatral

Ofrece la *Representación* una técnica teatral de yux-
taposición de escenas de la vida de Cristo, al modo de
los Retablos góticos. Manrique las configura de este
modo:

ESCENA I	ESCENA II	ESCENA III
Duda de José	Adoración de	Anuncio del
Petición de María	María	ángel a los
Riña del ángel a José		pastores

ESCENA IV	ESCENA V	ESCENA VI
Adoración de los	Adoración de los	Presentación
tres pastores	tres arcángeles	de los símbolos
		de la Pasión

ESCENA VII

Canción

Esta división de forma y contenido, por lo demás
obvia, ha llevado a Harry Sieber a concluir que el eje
dramático de la pieza lo constituye la simetría [11]. Vea-
mos:

Escenas	I	II	III	IV	V	VI	VII
Personajes	3	1	1›3	1›3	1›3	1›6	1

Sieber organiza los materiales en función del factor
interpretativo, sin tener en cuenta que parte de este
contenido carece de funcionalidad dramática. Por su

---

[11] «Drammatic Symmetry in Gómez Manrique's *La Representación del Nacimiento de Nuestro Señor*», *Hispanic Review*, 33
(1965), págs. 119-135.

parte, María Teresa Leal [12] ve, en la ordenación numérica de la pieza, la presencia alegórica de ciertas fórmulas medievales. Así, la ecuación 4+3 (San José, María, Ángel, Ángel anunciador + tres pastores) enfatiza el número siete pero no explica la aparición de los arcángeles a no ser que se repita el primer elemento. Sin negar que los siete martirios de la *Representación* puedan enlazar con la cadena de *Septenarios* medievales o que la trilogía de pastores y arcángeles constituya un símbolo de la Trinidad, pienso que el vector teatral que articula los seis «cuadros» que el texto presenta, hemos de buscarlo en el 2 y en el 6. Estas dos escenas —Presagio de la Pasión en María y Presentación de los símbolos de la Pasión—, guardan una relación de progresión de la que carece el resto.

El eje dramático estaría, pues, en esa relación 2‹›6, que tiene su base en un desplazamiento anticipado de la profecía de Simeón al ser presentado Jesús en el Templo, aludida anteriormente. La prefiguración del Hijo como «signo de contradicción» encuentra su paralelismo en la repercusión «dolorosa» que acarrea en la Madre. Y es, justamente, esa dilogía —gozo/dolor— la que vertebra toda la escena II y, a su vez, toda la pieza. En la mencionada escena, de las cuatro estrofas que la componen, las dos primeras son una exaltación del gozo por la presencia del Hijo que culmina en el *Magnificat;* las dos últimas muestran la transformación de este gozo en dolor: «Mas este mi gran plazer / en dolor será tornado.» Esta doble vertiente se amplía, simétricamente, a toda la pieza:

GOZO.— Adoración de la Virgen.
          Adoración de los pastores y
          arcángeles.
DOLOR.— Presagio triste en la Virgen.
          Confirmación de ese presagio en la
          presentación de los martirios.

---

[12] *Gómez Manrique, su tiempo y su obra,* Recife, 1958, pág. 97.

De este modo, la pieza muestra una trabazón dramática perfectamente articulada. Y lo que parecería fuera de lugar dentro de esta cerrada concepción, la escena I, se convierte en un «Introito» del primero de los dos Misterios que se encadenan en el desarrollo del texto: Encarnación en María, virgen y madre.

Escenografía

La *Representación* tendría lugar en un salón dividido en tres espacios. En un ángulo se situaría *José;* en el centro, *María* con el *Niño;* y en otro ángulo, el *Ángel* y los *Pastores.* Posiblemente José estuviera en escena durante toda la representación, como también parece probable la no presencia real del ángel que a él se dirige. Podía ser sustituido perfectamente por una voz, que hoy llamaríamos en *off,* recurso quizá utilizado, asimismo, en el «anuncio». Pero todo ello no deja de ser una mera hipótesis. De lo que no cabe la menor duda es de que eran las propias monjas las que interpretaban la pieza y que son ellas mismas, y no ángeles, las que escenifican la «presentación de los martirios». Dos razones avalan esta afirmación: *a*) Los versos iniciales de la escena VI, «¡O, santo Niño nacido / para nuestra redención...», demuestran con toda claridad que no pueden ser los ángeles los oferentes, ya que ellos se encuentran libres de pecado; *b*) Por otro lado, en el teatro de Profesión del Carmelo abundan ejemplos en los que las monjas presentan a la profesa distintos símbolos de su desposorio con Cristo [13]. Es de suponer que este rito formara parte de una tradición generalizada en las distintas órdenes religiosas.

---

[13]   Véase la pieza 205 del *Libro de romances y coplas del Carmelo de Valladolid (1590-1609),* Ed., intr. y notas: Víctor García de la Concha y Ana María Álvarez Pellitero, Consejo General de Castilla y León, 1982, pág. 172.

Toda la comunidad participaría, pues, en la representación. De ahí esa mezcla de palabra y canto que caracteriza la pieza en su aspecto formal. Destaca la bellísima «nana» final que sería cantada por todas las monjas. Asimismo, las estrofas iniciales de las escenas IV y V, que articulan la entrada de los pastores y los arcángeles, tendrían un tratamiento de villancico aunque no responden plenamente a esta estructura métrica.

La métrica de la «Representación»

Manrique muestra su buen quehacer como poeta lírico en la variedad de metros que utiliza. José, la Virgen, ángel y arcángeles hablan en coplas castellanas en sus dos combinaciones básicas: *abba: cddc; abab: cdcd* —aunque no falta, sin embargo, alguna otra variante—, y los pastores se expresan en tercetos o coplas mixtas de redondillas y tercetos. Es en estos últimos —y precisamente en la escena del anuncio del ángel— donde Gómez Manrique emplea una forma estrófica totalmente inusual en la época, que responde, más bien, a una estructura de estribillo zejelesco. ¿Podrá significar esto que en esta escena el poeta enlaza con una tradición cuya forma expresiva le viniera ya dada?

«[Lamentaciones] fechas para la Semana Santa»

Suele añadir la crítica otros tres títulos a la producción dramática de Gómez Manrique: una obra más de carácter religioso, las *Lamentaciones fechas para la Semana Santa,* y dos de tono profano, un momo para celebrar el natalicio de un sobrino suyo, y otro para festejar el decimocuarto cumpleaños del infante don Alfonso, a petición de la reina doña Isabel. De estas dos últimas piezas me ocuparé más adelante.

Se articulan las *lamentaciones* en torno a dos «plantos» puestos en boca de la Virgen y San Juan, ante la presencia muda de la Magdalena. Es frecuente en la

literatura medieval el «planctus Mariae» que, en el siglo
XV, alcanza una gran difusión. Young definía el planto
como una composición extralitúrgica que expresa la
emoción de una persona presente en la crucifixión [14].
Cristo ya ha muerto y la Virgen inicia un lamento, de
carácter esencialmente lírico, cuyo núcleo lo constituye
una paráfrasis del quinto responsorio de los maitines del
Sábado Santo: *O vos omnes qui transitis per viam,
attendite, et videte si est dolor similis sicut dolor meus*.
El planto de San Juan responde al mismo esquema lírico. Sólo en las últimas estrofas hay una referencia
expresa al texto evangélico [15] cuando Cristo en la cruz
le confía a su Madre. Más adelante, al estudiar el *Auto
de la Pasión*, de Alonso del Campo (?), tendremos
ocasión de comprobar la semejanza de sus «Plantos»
con estos de Gómez Manrique. Quedará entonces pa-
tente la fuerza de la tradición que pesa sobre esta pauta.

La apelación a la Magdalena que a continuación sigue y el diálogo que se establece entre Juan y María, se
separan por completo de los cánones evangélicos para
entrar de lleno en la tradición apócrifa. Para no repetir
fuentes y datos, me remito al estudio de la escena VII
del *Auto de la Pasión*. Lo novedoso en las *Lamentaciones* es el juego que establece Gómez Manrique entre
la esperanza de María y la confirmación de la muerte
de Cristo, verificada ante el sepulcro.

Estructura dramática

La pieza está configurada en tres escenas simultá-
neas. Las dos primeras corresponden a los plantos cuyo
dramatismo verbal suple el estatismo propio de estas
escenas esencialmente líricas. La tercera desarrolla el
diálogo entre San Juan y la Virgen. Gómez Manrique
no tiene inconveniente en romper la coherencia temá-

---

[14]   *The drama ... II,* págs. 492-493.
[15]   Lucas, XIX, 27.

BIBLIOGRAFÍA

DARBORD, M.: *La poésie religieuse espagnole des Rois Catholiques a Philippe II,* Centre de Recherches de l'Institut d'Études Hispaniques, París, 1965.

GARCÍA DE LA CONCHA, V., y ÁLVAREZ PELLITERO, A. M.: *Libro de romances y coplas del Carmelo de Valladolid,* Consejo General de Castilla y León, 1982.

KOHLER, E.: *Sieben spanische drammatische Eklogen,* Dresden, Gessellschatft der Romanische Literatur, 1911.

LEAL, M. T.: *Gómez Manrique y su tiempo,* Recife, 1958.

MARBÁN, E.: *El teatro español medieval y del Renacimiento,* Nueva York, Las Américas, 1971.

RUIZ RAMÓN, F.: *Historia del Teatro Español,* Madrid, Alianza, 1958.

SIEBER, H.: «Drammatic Symmetry in Gómez Manrique's *La Representación del Nacimiento de Nuestro Señor»*, *Hispanic Review,* 33 (1965), págs. 119-135.

VALBUENA PRAT, A.: *Literatura dramática española,* Barcelona, Labor, 1950.

ZIMIC, S.: «El teatro religioso de Gómez Manrique (1412-1491)», *Boletín de la Real Academia Española,* 1977, págs. 353-400.

DE GÓMEZ MANRRIQUE. LA REPRESEN- TAÇIÓN DEL NAÇIMIENTO DE NUESTRO SEÑOR, A INSTANÇIA DE DOÑA MARÍA MANRRIQUE, VICARIA EN EL MONESTE- RIO DE CALABAÇANOS, HERMANA SUYA. *

[ESCENA I]

Lo que dize Josepe, sospechando de nuestra Señora

¡O, viejo desventurado,
negra dicha fue la mía
en casarme con María,
por quien fuesse desonrrado!
Yo la veo bien preñada: 5
no sé de quién nin de quánto;
dizen que de Espíritu Santo,
mas yo d'esto non sé nada.

La oraçión que faze la Gloriosa

Mi solo Dios verdadero,
cuyo ser es inmovible,   10
a quien es todo posible,
fácil e bien fazedero;

---

* Sigo el texto ofrecido por R. Foulché Delbosc en el *Cancionero Castellano del siglo XV*, Madrid, NBAE, 1915, II, págs. 53b - 56a.

Tú, que sabes la pureza
de la mi virginidad,
alumbra la çeguedad   15
de Josep e su sinpleza.

El ángel a Josepe

¡O, viejo de muchos días,
en el seso de muy pocos,
el prinçipal de los locos!,
¿tú no sabes que Ysaías   20
dixo: «Virgen parirá»,
lo qual escrivió por esta
donzella gentil, onesta,
cuyo par nunca será?

[ESCENA II]

Lo que representa a la Gloriosa quando
le dieren al Niño

Adórote, Rey del cielo,   25
verdadero Dios e onbre,
adoro tu santo nombre,
mi salvaçión e consuelo;
adórote, Fijo e Padre,
a quien sin dolor parí,   30
porque quesiste de mí
fazer de sierva tu madre.

Magnificat

Bien podré dezir aquí
aquel salmo glorïoso
que dixe, Fijo preçioso,   35
quando yo te conçebí:
que mi ánima engrandeçe

a Ti, mi solo Señor,
y en Ti, mi Salvador,
mi spíritu floreçe.   40

Mas este mi gran plazer
en dolor será tornado,
pues Tú eres enbiado
para muerte padeçer
por salvar los pecadores,   45
en la qual yo pasaré,
non menguándome la fe,
innumerables dolores.

Pero, mi preçioso prez,
Fijo mío muy querido,   50
dame tu claro sentido
para tratar tu niñez
con devida reverençia,
e para que tu pasión
mi femenil coraçón   55
sufra con mucha paçiençia.

[ESCENA III]

La denunciación del ángel a los pastores

Yo vos denunçio, pastores,
que en Bellén es oy naçido
el Señor de los señores,
sin pecado conçebido.
E por que non lo dudedes,   60
id al pesebre del buey,
donde çierto fallaredes
al prometido en la Ley.

El un pastor

Dime tú, ermano, di   65
si oíste alguna cosa
o si viste lo que vi.

El segundo

Una gran boz me semeja
de un ángel reluziente,
que sonó en mi oreja.   70

El tercero

Mis oídos an oído
en Bellén ser esta noche
nuestro Salvador naçido.
Por ende, dexar devemos
nuestros ganados e ir   75
por ver si lo fallaremos.

[ESCENA IV]

Los pastores, veyendo al glorioso Niño

Éste es el Niño eçelente
que nos tiene de salvar;
ermanos, muy omilmente
le lleguemos adorar.   80

La adoración del primero

Dios te salve, glorïoso
infante santificado,
por redemir enbïado
[a] este mundo trabajoso;
dámoste grandes loores   85
por te querer demostrar
a nos, míseros pastores.

Del segundo

Sálvete Dios, Niño santo,
embiado por Dios padre,
conçebido por tu Madre 90
con amor e con espanto;
alabamos tu grandeza
que en el pueblo d'Israel
escogió nuestra simpleza.

Del tercero

Dios te salve, Salvador, 95
onbre que ser Dios creemos,
muchas gracias te fazemos
porque quesiste, Señor,
la nuestra carne vestir,
en la qual muy cruda muerte 100
as por nos de reçebir.

[ESCENA V]

Los ángeles

¡Gloria al Dios soberano
que reina sobre los çielos
e paz al linaje umano!

San Gabriel

Dios te salve, glorïosa, 105
de los maitines estrella;
después de madre, donzella;
e antes que fija, esposa;
yo soy venido, señora,
tu leal enbaxador, 110
para ser tu servidor
en aquesta santa ora.

San Miguel

Yo, Micael, que vençí
las huestes luçiferales
con los coros çelestiales   115
que son en torno de mí,
por mandato de Dios Padre,
vengo tener compañía
a ti, beata María,
de tan santo Niño madre.   120

San Rafael

Yo, el ángel Rafael,
capitán d'estas quadrillas,
dexando las altas sillas,
vengo a ser tu donzel,
e por fazerte plazeres,   125
pues tan bien los mereçiste,
¡o, María, *Mater Christe*,
bendicha entre la mugeres!

[ESCENA VI]

Los martirios que presentan al Niño

El cáliz

¡O, santo Niño naçido
para nuestra redençión,   130
este cáliz dolorido
de la tu cruda pasión
es necesario que beva
tu sagrada magestad,
por salvar la umanidad   135
que fue perdida por Eva!

El astelo e la soga

E será en este astelo
tu cuerpo glorificado,
poderoso Rey del çielo,
con estas sogas atado.   140

Los açotes

Con estos açotes crudos
romperán los tus costados
los sayones muy sañudos
por lavar nuestros pecados.

La corona

E después de tu persona   145
ferida con deçeplinas,
te pornán esta corona
de dolorosas espinas.

La cruz

En aquesta santa Cruz
el tu cuerpo se porná,   150
a la ora no avrá luz
y el tenplo caerá.

Los clavos

Con estos clavos, Señor,
te clavarán pies y manos;
grande pasarás dolor   155
por los míseros umanos.

La lanças

Con esta lança tan cruda
foradarán tu costado
e será claro, sin duda,
lo que fue profetizado.   160

[ESCENA VII]

Canción para callar al Niño

Callad, Fijo mío,
chiquito.

Callad vos, Señor,
nuestro Redentor,
que vuestro dolor   165
durará poquito.

Angeles del cielo,
venid, dar consuelo
a este moçuelo,
Jesús, tan bonito.   170

Éste fue reparo,
aunque'l costó caro,
d'aquel pueblo amaro
cativo en Egito.

Este santo dino,   175
niño tan benino,
por redemir vino
al linaje aflito.

Cantemos gozosas,
ermanas graciosas,   180
pues somos esposas
del Jesú bendito.

[LAMENTACIONES] FECHAS
PARA LA SEMANA SANTA *

[ESCENA I]

[Planto de Nuestra Señora]

¡Ay dolor, dolor,
por mi fijo y mi Señor!

Yo soy aquella María
del linaje de David.
Oid, señores, oid,   5
la gran desventura mía.
¡Ay dolor!

A mí dixo Gabriel
qu'el Señor era conmigo,
y dexóme sin abrigo,   10
amarga más que la hiel.
Díxome qu'era bendita
entre todas las nacidas,
y soy de las afligidas
la más triste y más aflicta.   15
¡Ay dolor!

_____

*   Sigo el texto de R. Foulché Delbosc, op. cit., págs. 150a-151b.

¡O vos, hombres que transistes
por la vía mundanal,
decidme si jamás vistes
igual dolor de mi mal!   20
Y vosostros que tenéis
padres, fijos y maridos,
acorredme con gemidos
si con llantos no podéis.
¡Ay dolor!   25

Llorad comigo, casadas;
llorad comigo, donzellas,
pues que vedes las estrellas
escuras e demudadas,
vedes el templo rompido,   30
la luna sin claridad.
Llorad comigo, llorad,
un dolor tan dolorido.
¡Ay dolor!

Llore comigo la gente   35
de todos los tres estados,
por lavar cuyos pecados
mataron al inocente,
a mi fijo y mi señor,
mi redentor verdadero.   40
¡Cuitada! ¿Cómo no muero
con tan estremo dolor?
¡Ay dolor!

[ESCENA II]

Lamentación de San Juan

¡Ay dolor, dolor,
por mi primo y mi Señor!   45

Yo soy aquel que dormí

en el regazo sagrado,
y grandes secretos vi
en los cielos sublimado.
Yo soy Juan, aquel privado   50
de mi Señor y mi primo;
yo soy el triste que gimo
con un dolor estremado.
¡Ay dolor!

Yo soy el primo hermano   55
del fazedor de la luz,
que por el linage humano
quiso sobir en la cruz.
¡O, pues, ombres pecadores,
rompamos nuestros vestidos!   60
¡Con dolorosos clamores
demos grandes alaridos!
¡Ay dolor!

Lloremos al compañero
traidor porque le vendió.   65
Lloremos aquel cordero
que sin culpa padesció.
Luego me matara yo,
cuitado, cuando lo vi,
si no confiara de mí   70
la madre que confió.
¡Ay dolor!

Estando en el agonía
me dijo con gran afán:
«Por madre ternás tú, Juan,   75
a la Santa Madre mía.»
¡Ved qué troque tan amargo
para la madre preciosa!
¡Qué palabra dolorosa
para mí de grande cargo!   80
¡Ay dolor!

[ESCENA III]

Hablando con la Magdalena dice

¡O hermana Madalena,
amada del Redentor!
¿Quién podrá con tal dolor
remediar tan grave pena?   85
¿Cómo podrá dar consuelo
el triste desconsolado
que vido crucificado
al muy alto rey del cielo?
¡Ay dolor!   90

Hablando con Santa María dice

¡O Virgen Santa María,
Madre de mi Salvador!
¡Qué nuevas de gran dolor
si pudiese vos diría!
Mas, ¿quién las podrá dezir,   95
quién las podrá recontar,
sin gemir, sin sollozar,
sin prestamente morir?
¡Ay dolor!

Responde Nuestra Señora Santa María, y dice

Vos, mi fijo adotivo,   100
no me fagáis más penar.
Decidme sin dilatar
si mi Redentor es vivo,
que las noches y los días,
si d'Él otra cosa sé,   105
nunca jamás cesaré
de llorar con Jeremías.

Responde San Juan, y dice

Señora, pues de razón
conviene que lo sepáis,
es menester que tengáis   110
un muy fuerte corazón;
y vamos, vamos al huerto,
do veredes sepultado
vuestro fijo muy preciado
de muy cruda muerte muerto.   115

MOMOS *

Un breve tratado que fizo Gómez Manrrique a mandamiento de la muy ilustre Señora infante doña Isabel, para unos momos que su excelencia fizo con los fados siguientes

Ilustrísimo y bien aventurado príncipe, e muy poderoso rey e soberano señor.

Como la divulgada fama de aquel festival día de vuestro nascimiento e del venturoso nombre de don Alfonso que vos fue inpuesto, por toda la terrena población corriese, por un divino misterio ovo de llegar en aquel inabitable e santo monte de Elicon, adonde nosotras las nueve hermanas, Musas llamadas, éramos abitantes, cerca de aquella clara fuente de Pegaso. E como por la divina provindencia de los muy altos dioses nosotras oviésemos alcançado tan profundo saber que sabemos todas las cosas pasadas e presentes, e aún aquéllas que a los umanos son ignotas, e profetamos e adevinamos las venideras, fuenos magnifiesto el comienço e medio e cabo de vuestra muy virtuosa niñez, e todos los infortunios, peligros, trabajos e buenas andanças que los dioses celestiales en aquélla vos avían dado. E assí bien sopimos como a catorze días andados del honzeno mes del año sesenta y siete, despidiéndose

---

* Sigo el texto de R. Foulché Delbosc, op. cit., págs. 101a-102b y págs. 9a-10a.

vuestra excelencia de la pasada niñez, entrava en la viril hedad, que es de los catorze años arriba; e sabiendo, muy esclarescido señor, por nuestro profundo saber que, segund la vuestra muy real genealosía e gentil dispusición de persona e grandeza de estado e señorío, sólamente vos fallescía ser venturoso en este siglo mundano, e tan virtuoso que del celeste merescedor vos fiziese, con un fraternal e grande amor en nuestros ánimos enplantado, fuemos movidas a dexar nuestra santa e separada abitación, e venir a visitar vuestra muy real persona. E porque atravesar tan grande distancia de tierras era muy peligroso a nuestro femenil estado e jovenil hedad, con grandes sacrificios e oraciones pedimos a los altos dioses que, como ellos avían transformado a la muger Alcione e a su marido en aves blancas, en latín llamadas alciones y en romance paviotas, e a las conpañeras de Proserpina en serenas, e a las nueve mancebas tesalianas a nuestra suplicación en picaças, transformasen las personas nuestras en otras formas, porque sin peligro de nuestras famas pudiésemos venir ante vuestra realeza. Los quales dioses, oída nuestra justa petición, súbitamente cubrieron a las ocho de nos d'estas fermosas plumas, e a la novena, d'este breve reportadora, d'estas vedijas de blanchete que vuestra excelencia vee. E assí somos aportadas ante vuestra merced, no con ricos dones de oro nin de piedras presciosas, ca nin nosotras las poseemos, nin vos, muy poderoso rey y señor, las avéis menester, pues vos basta señorear a los señores de aquéllos; mas con un acrescentado amor que vuestra vista gentil nos ha causado, presentamos a vuestra alteza estos fados, los quales, posponiendo los otros dioses, rogamos [a] Aquel solo que vos crió que llanamente vos lo otorgue.

I

Mencia de la Torre levó el fado siguiente

A tu real excelencia
venimos aquestas fadas,
inducidas e guiadas
por la divinal esencia.
Cada qual de su figura
te fadaremos arreo;
yo mando por mi pintura
que las dichas e ventura
obedezcan tu deseo.

II

Dona Elvira de Castro traýa éste

Yo te fado, rey muy santo,
justicia sin más y menos,
que es reposo de los buenos
y de los malos espanto;
porque si no te guardare
fortuna con amicicia,
se conserva con justicia
lo que tu poder ganare.

III

Doña Beatriz de Sosa llevava éste

Yo te fado el franquear,
que a mi cargo de dar es,
e jamás canses de dar
nin te fallesca que des;
nin sepas saber que tienes,
pues al dezirlo no basto,
nin falle fin a tus bienes
la grandeza de tu gasto.

IV

Isabel Castaña levava éste

Yo te quiero bien fadar,
príncipe muy soberano,
que en vencer e perdonar
sobres al César romano;
que la saña secutoria
la vengança da de sí,
pues déte Dios por memoria
una loable vitoria
de todos y más de ti.

V

Doña Juana de Valencia levava éste

Yo te fado, rey señor,
el mayor de los señores,
que por leal amador
dispongas al dios de amor
de la cadira de amores;
pues con todos tus enojos
miras tan enamorado
que donde pones los ojos
levantas nuevo cuidado.

VI

Doña Leonor de Luxán levava éste

¡O, magnífico varón!
Dios te faga en gentileza
otro segundo Absalón,
Ercules en fortaleza,
porque seas bien querido,

sean hombres o mugeres,
de quantos tú bien quisieres,
de los contrarios temido.

VII

Bovadilla levava éste

Yo soy la fada setena,
muy poderoso señor,
que vengo con grand amor
a te dar la fada buena;
aquesta será que sea,
sin ningún contraste llano,
todo quanto el sol rodea
so tu poderosa mano.

VIII

La señora Infante levava éste

Excelente rey, dozeno
de los Alfonsos llamado,
en este año catorzeno
te faga Dios tanto bueno
que pases a los pasados
en trihunfos e vitorias,
en grandezas temporales,
e sean tus fechos tales
que merezcan amas glorias,
terrenas e celestiales.

En nombre de las virtudes que ivan momos al nascimiento de un sobrino suyo

Justicia

Yo te fago justiciero,
mas que castigues sin saña,

porque bivas en España
muy nonbrado cavallero;
e parescas
[a] aquéllos de donde vienes,
e por tu virtud merescas
alcançar muy grandes bienes.

Prudencia

Yo te otorgo que seas
sabio, discreto, sentido,
e más, que sienpre te veas
de todo el mundo querido
en tal grado
que toda España se rija
por tu consejo e mandado,
e nadie non te corrija.

Tenprança

Yo te fago muy tenprado
e bueno de conportar,
e que no tomes pesar
nin plazer demasïado;
que gran tiento
es del que sabe encobrir
todo pesar e tormento
que le convenga sofrir.

Fortaleza

Yo te dó que seas fuerte,
esforçado sin medida
e que non temas la vida
por aver onrrada muerte.

Otrosí,
que sea venturoso,
que quien fuere contra ti
sienpre biva temeroso.

Fe

Fágote, mientra bivieres,
que seas sienpre costante,
e tu fe non se quebrante
do quiera que la pusieres.
E serás
amador de gentileza,
e sienpre te pagarás
de verdad e de firmeza.

Esperança

Yo, la virtud de esperança,
seguiré tu conpañía
porque tengas toda vía
de bien aver confiança;
pues Aquel
que te permitió nascer,
confiando tú en Él,
no te pueda fallescer.

Caridad

Fágote caritativo,
a los buenos amigable,
e no persona te fable
que te falle ser esquivo;
que es virtud
a quien todo el mundo ama
e acrecienta salud
e todos vicios derrama.

ANÓNIMO

AUTO DE LA HUIDA A EGIPTO

INTRODUCCIÓN

El manuscrito de la Biblioteca Nacional de Madrid en que el texto se halla recogido, proviene del monasterio de monjas clarisas de Santa María de la Bretonera, cerca de Belorado, en la provincia de Burgos.

De autor anónimo [1], su datación vendría dada, según Justo García Morales [2], de un lado, por el año de la fundación del convento donde se encontró (1446), y, de otro, por la mención del propio manuscrito: «truxole la sr. doña marya de Vco. año de dxij». Es evidente, pues, que nos encontramos ante una pieza teatral de la segunda mitad del siglo XV, de gran interés para el estudio del tránsito del teatro medieval al renacentista.

---

[1]   Justo García Soriano en su obra *El teatro universitario y humanístico en España. Estudios sobre el origen de nuestro arte dramático, con documentos, textos inéditos y un catálogo de antiguas comedias escolares* (Toledo, 1945), adjudica la autoría de la pieza a Gómez Manrique. Los datos en que basa tal opinión son puramente circunstanciales; en concreto la cercanía del convento de Calabazanos, donde se llevó a cabo la *Representación* de Gómez Manrique entre 1467 y 1481, también de monjas clarisas, al monasterio de la Bretonera. Comparte esta misma opinión su hijo, Justo García Morales, primer editor del *Auto*. Sin embargo, José Amícola, en su artículo «El auto de la huida a Egipto, drama anónimo del siglo XV», *(Filología*, 1971, págs. 1-29), demuestra las divergencias estilísticas entre la pieza y la obra de Gómez Manrique y se inclina por un «autor desconocido, contemporáneo de Gómez Manrique o poco posterior, que lo compuso como pieza de circunstancia».

[2]   *El Auto de la huida a Egipto,* Madrid, Colección de Joyas Bibliográficas de la Biblioteca Nacional, 1948.

Temas y fuentes. Relación con la poesía de los Cancioneros Sagrados

No es un mero dato anecdótico el hecho de que la pieza perteneciera a un convento de monjas clarisas. El espíritu franciscano subyace a lo largo de la misma y se manifiesta, de modo singular, en el tratamiento de la exposición evangélica. La humanización de la figura de Cristo constituye la nota esencial del franciscanismo, hasta el punto de que ha contribuido a fijar el género que se ha denominado «Vita Christi» [3]. Su tema, estructurado sobre la concordancia entre los cuatro Evangelios, se nutrirá con la aportación de los apócrifos que permiten añadir notas personales y populares a la rigidez del relato evangélico. Pues bien, en esta corriente de amplificación de la infancia de Cristo se inserta el *Auto de la huida a Egipto*.

En efecto, partiendo del esquemático relato de Mateo, el episodio central de la pieza, huida a Egipto, se engrosa en la escena IV con la tradición apócrifa. Del rico entramado de aventuras que ésta proporciona, elige el autor anónimo dos motivos: la «humillación» de las fieras ante el paso de Cristo y el encuentro con los ladrones [4]. Descarta, en cambio, uno que venía siendo habitual en la narración de este episodio de la Infancia de Cristo: la caída de los ídolos al hacer su entrada en Egipto. Insisten en ésta tanto fray Íñigo de Mendoza como fray Ambrosio Montesino. Ambos se inspiran en la *Vita Christi* de Ludulfo de Sajonia [5] que no escoge esta leyenda al azar. Siendo el texto evangélico la columna vertebral de su obra, toma de los apócrifos aquel relato más sustentable en una base «teológi-

---

[3]   Véase Michel Darbord, *La poésie religieuse espagnole,* cit.
[4]   El primero está tomado del *Evangelio del Ps. Mateo* y el segundo del *Evangelio árabe de la Infancia.* Véase, para ambos, Aurelio de Santos, *Los Evangelios apócrifos,* cit.
[5]   Para la influencia de Ludulfo de Sajonia sobre estos poetas, véase mi libro *La obra lingüística y literaria de Fray Ambrosio Montesino,* Valladolid, Universidad, 1976.

ca»[6]. Tampoco selecciona al azar el autor del *Auto* los dos episodios mencionados, especialmente el segundo. De acuerdo con el espíritu franciscano, éste permite destacar la figura de Dios-hombre frente a la de Dios-poder y, dramáticamente, está mucho más cargado de posibilidades.

Paralelo a la «huida» discurre el tema de Juan el Baustista. De nuevo, el *Auto* se desvía de lo que es habitual en el tratamiento de la vida del Santo: el bautismo de Cristo y la exaltación de su figura como precursor del Mesías en la Visitación[7]. Es, en este segundo apartado, cuando Montesino conecta con el *Auto* en unas coplas sobre «las dignidades futuras de Juan»: «Su nombre será San Juan/sus moradas los desiertos,/su vida sudor y afán; / langostas serán su pan, / su cama terrenos muertos.» De los dos tópicos sobre la forma de vestir y alimentarse de Juan[8], estos versos sólo aluden al segundo. La amplificación de los mismos (con la única variante de «yervas» por langostas, elemento poco significativo para el oyente castellano), constituyen con la escena V, en que San Juan pide permiso a sus padres para retirarse al desierto[9], la materia objeto de este segundo apartado, que, con un evidente anacronismo cronológico, discurre paralelo al primero.

---

[6] Podía ver en él una aplicación del pasaje de Isaías: «Ecce Dominus ascendit super nubem levem... Commovebuntur simulacra Aegypti a facie ejus...» (XIX, 1). El mismo añade una profecía de Jeremías: una virgen dará a luz un niño «... et tunc omnes dii et omnia idola Aegypti ruerent».

[7] Incluso su nacimiento. Así, Juan de Padilla en el *Retablo de la vida de Cristo* relata el momento en que Isabel da a luz y la Virgen recibe en sus manos al Bautista. La fuente de este episodio la encontramos en la *Legenda áurea* de Jacobo della Voragine: «fue ella la que en sus santas manos tomó al niño recién nacido y cumplió, en cierta manera, el oficio de profetisa».

[8] La única fuente, en este caso, es el texto de Marcos, I, 6: «Llevaba San Juan un vestido de pelos de camello y un cinturón de cuero ceñía sus lomos, y se alimentaba de langostas y miel silvestre.»

[9] No encuentro nada al respecto ni en los textos evangélicos, ni en los apócrifos.

Ningún rastreo de fuentes aclara la figura del Peregrino. Su incorporación supone, a mi juicio, el mayor
acierto dramático del *Auto*. Y lo es en un doble plano:
temática y dramáticamente. En cuanto al primero, su
diálogo con el Bautista sirve para enfatizar aquellos
aspectos caracterizadores de la piedad franciscana: al
liberarse el hombre de la búsqueda legítima de bienes
terrenos, quedará dispuesto para abrirse a la Verdad. En
el plano dramático, dado el estatismo en que se desarrollan los dos temas-base, su ir y venir sirve de enlace
entre ambos, convirtiendo en «acción», lo que, de otro
modo, se quedaría en simple relato narrativo.

Formas

Todo parece indicar, como he señalado en el apartado
anterior, que la estructura formal viene dada por una
mezcla de narración y acción. Es decir, se parte de una
narración dramatizable, que se adapta para la representación.

Así lo sugieren: *a*) Las incoherencias de la escena IV,
en la que, por boca de José, se narran las peripecias del
viaje. Son, curiosamente, los episodios tomados de los
apócrifos: «humillación» de las fieras y encuentro con
los ladrones. Pero, ¿a quién las cuenta? ¿A los espec-
tadores? No se sabe ya que, sin transición alguna, los
ladrones están allí. Se deduce, por tanto, que la escena
tiene que desarrollarse en la casa de Egipto a la que, a
poco, llegará el Peregrino.

b) El tono. Esa mezcla de diálogo y villancico (escenas III, VII y IX) es característica de los Cancioneros.

Estructura dramática

La estructura dramática del *Auto* se nos muestra
mucho más rica y compleja que la de los «autos de
pastores». Ya no se desarrolla en una iglesia sino que
está pensada para una representación doméstica, cor-

tesana o, mejor, conventual. Lo más probable es que se trate de una adaptación cancioneril, hecha «ad hoc», para el convento de la Bretonera.

Si atendemos a los distintos lugares en que la acción se desarrolla, observamos una estructura situacional simétrica que ya Harry Sieber había destacado en Gómez Manrique: «el número y la posición simétrica de las escenas derivan directamente de las implicaciones temáticas en la acción» [10]. Es exactamente lo que ocurre en el *Auto:* el desarrollo de las distintas escenas deriva directamente de los temas implicados en la acción, así como de los personajes que en ellas intervienen. Veámoslo:

A)   Locación temática:

Casa
- de la Sagrada Familia
  - en Judea
  - en Egipto
- de Zacarías

Sierra: Juan-Peregrino que va y vuelve.
Casa de la Sagrada Familia en Egipto.

B)   Desarrollo escénico:

Ángel José	José María	José-María Ángel	José-María Ladrones	Zacarías-Isabel Juan	Juan Peregrino
Casa de la Sgda. Familia en Judea			Casa en Egipto	Casa de Zacarías	Sierra
(Esc. I, II, III) Villancico			(Esc. IV)	(Esc. V)	(Esc. VI) Villancico

---

[10]   Véase pág. 111, nota 11.

José-María-Xto	Peregrino	Ángel	José
Peregrino	Juan	José	María
....	....	....	
Casa en Egipto	Sierra	Casa en Egipto	
(Esc. VII, VIII)	(Esc. IX)	(Esc. X, XI, XII)	
		Villancico	

Se trata de tres grupos ternarios, definidos cada uno de ellos por uno o varios lugares de acción y cerrados por sendos villancicos.

Escenografía

La escenografía se caracteriza por su simplicidad. Dos espacios simultáneos: una casa (o dos casas) y la sierra serían suficientes para toda la puesta en escena. En las primeras, un atrezzo doméstico (silla, costurero y muy poco más). En la segunda, unos ramos y yerbas, así como un tarro de miel, bastarían. Aunque en la escena IX dice: «estando San Juan en su cueva», si atendemos al v. 328 «Vámonos [a] alguna cueva», nos damos cuenta de que el desplazamiento no se ha producido.

Personajes

A excepción del Peregrino, que, como he señalado, supone un logro acertadísimo, los demás personajes responden a los estereotipos fijados por la tradición evangélica o apócrifa. La ancianidad de San José se reitera continuamente: v. 13, v. 172, v. 189, etc. De los dos ladrones, uno viejo y dos jóvenes, estos últimos constituyen un símbolo de los crucificados con Cristo.

Acción

La acción es muy escasa. No se ven ni los desplazamientos de la Sagrada Familia, ni al Peregrino de camino. En este sentido, presenta la misma simplicidad que los «Autos de pastores». Así, María aparece con el niño en brazos (v. 288) y San José adorando (v. 290), según marca la tradición. No hay, pues, ningún análisis que dé lugar a una intriga. El desarrollo de esta acción, al igual que la de los «misterios» extrapeninsulares, vendría dada por la puesta en escena simultánea de varios cuadros. La Sagrada Familia y San Juan estarían siempre presentes, en un ángulo u otro del decorado, y la única figura que haría distintas entradas sería la del Peregrino.

Expresión

Muy cercana a la de la poesía de cancioneros, presenta, sin embargo, peculiaridades dignas de tener en cuenta. En el plano de la forma, la versificación se separa de lo que es habitual en Mendoza o Montesino: la copla real. En este sentido, el *Auto* se acerca a la estrofa caracterizadora del teatro de Gómez Manrique: la copla castellana. Formada por ocho octosílabos en dos grupos, como parejas de redondillas independientes, constituye la base métrica en la que el auto se sustenta.

No falta, y en esto coincide plenamente con la poesía de cancioneros, la intercalación de villancicos. Son cinco y responden al esquema zejelesco, con diversas variantes. Uno, en especial, me interesa destacar: el que inicia la escena IX «Romerico, tú que vienes». Se trata de una versión a lo divino, [11] de un tema que, en la magnífica recopilación que Margit Frenk [12] hace de la antigua lírica popular, aparece con el número 527: «Romerico, tú que vienes / de do mi señora está, / las nuevas d'ella me da.» El «contrafactum» de nuestro villancico no puede ser más evidente: «Romerico, tú que vienes / do el rey de la gloria está, / las nuevas d'él

---

[11] Véase Bruce W. Wardroper, *Historia de la poesía lírica a lo divino en la cristiandad occidental,* Madrid, Revista de Occidente, 1958, pág. 141.

[12] *Corpus de la antigua lírica popular (siglos XV a XVII),* Madrid, Castalia, 1987.

tú me da.» De ahí que el Peregrino, convertido ahora en
«romero» por analogía semántica, continúe el desarrollo de estos versos en una glosa controvertida, en la que
se entremezclan las dos acepciones del personaje [13].

El diálogo entre el Bautista y el Peregrino, que articula la escena VI, nos aproxima, de nuevo, a la poesía
de cancioneros en ciertas formas de «preguntas y respuestas». Señala Le Gentil cómo a lo largo del siglo XV
tales piezas habían ido perdiendo el carácter de «debate», consustancial de las *tensons y partiments* [14]. Se
convierten, en la mayoría de los casos, en puro juego de
casuística amorosa. Lo que en las *Canciones* aparece
como intervención coordinada de dos poetas, se des-
plaza en el *Auto* a subrayar la ascética vida de Juan
mediante las preguntas del Peregrino. El diálogo se articula métricamente mediante los enlaces consonánti-
cos del verso final de un parlamento con el inicial del
siguiente. Presenta cierta regularidad la repetición de
los mismos, lo que, en principio, podría sugerir una
cierta configuración estrófica; sin embargo, pienso que
se trata, más bien, de un escaso dominio de los recursos
expresivos.

En el aspecto lingüístico, la amplificación temática
reseñada, tiene su correlato en las técnicas de la «amplificatio rerum». Quizá lo más destacable, aunque en
el límite con la «amplificatio verborum», sea el uso
de la anáfora con carácter intensivo: «Es verdadera
car[r]era, / es eterno, es infinito, / él os levará a Egito,
/ él os volverá a esta tier[r]a.» Se trata de uno de los
recursos que, junto con la retórica de intensidad emo-
tiva, define mejor la intencionalidad franciscana en su
doble vertiente de llegar al auditorio y conmover.

---

[13]   José Amícola en su art. cit., pág. 26, señala que la glosa comprende hasta el v. 301 y no hasta el 294 como establece García Morales en la edición. Soy de la misma opinión de Amícola, aun cuando
la entrada del Peregrino pudiera inducir a error.

[14]   *La poésie lyrique espagnole et portugaise à la fin du Moyen
Âge.* I, Rennes, Plihon, 1949, págs. 464 y sigs.

BIBLIOGRAFÍA

ÁLVAREZ PELLITERO, A. M.: *La obra lingüística y literaria de Fray Ambrosio Montesino,* Valladolid, Universidad, 1976.

AMÍCOLA, J.: «El auto de la huida de Egipto, drama anónimo del siglo XV», *Filología,* 1971, págs. 1-29.

DARBORD, M.: *La poésie religieux espagnole des Rois Catholiques a Philippe II,* París, Centre de Recherches de l'Institut d'Études Hispaniques, 1965.

FRENK ALATORRE, M.: *Corpus de la antigua lírica popular (siglos XV a XVII),* Madrid, Castalia, 1987.

GARCÍA MORALES, J.: *El Auto de la huida a Egipto,* Madrid, Colección de Joyas Bibliográficas de la Biblioteca Nacional, 1948.

GARCÍA SORIANO, J.: *El teatro universitario y humanístico en España. Estudios sobre el origen de nuestro arte dramático, con documentos, textos inéditos y un catálogo de antiguas comedias escolares,* Toledo, 1945.

WARDROPER, W.: *Historia de la poesía lírica a lo divino en la cristiandad occidental,* Revista de Occidente, 1958.

ANÓNIMO

AUTO DE LA HUIDA A EGIPTO *

[ESCENA I]

El ángel a Josepe

Josepe, si estás durmiendo,
despierta y toma el cayado,
que por Dios te es mandado
que luego vayas huyendo;
ha de ser d'esta manera,   5
Josepe, de Dios bendito:
que no pares hasta Egito
ni quedes en otra tier[r]a.

Dios manda que allá vayáis,
Él quiere que allí moréis,   10
que por muy çierto sabréis
quándo cumple que bolváis;
levantaos, viejo, priado,
començad a caminar,
que a Dios piensa de matar   15
el falso Erodes malvado.

---

*   Sigo el texto fijado por José Amícola (art. cit.), modernizándolo
de acuerdo con el criterio ya expuesto.

[ESCENA II]

Josepe a Nuestra Señora

Dios por su ángel dezía
que vamos a tier[r]a agena;
no resçiváis d'esto pena,
esposa y señora mía;   20
y dize que allí moremos,
que Él nos inviará dezir
el tiempo para venir,
y que alegres volveremos.

Nuestra Señora a Josepe

Señor esposo, vayamos,   25
cumplamos su mandamiento,
con la obra y pensamiento
a Dios siempre obedescamos;
esta noche nos partamos
dester[r]ados de Judea,   30
pues Dios quiere que así sea,
a Él plega que volvamos.

[ESCENA III]

Pártense y llama Josepe al ángel que los guíe

Josepe

Angel, tú que me mandaste
de Judea ir a Egito,
guíanos con el chiquito.   35

Guía al hijo y a la madre,
guía al biejo pecador,
que se parte sin temor

adonde manda Dios padre;
y pues al ni[ñ]o bendito   40
y a nosotros tú sacaste,
ángel, tú que me mandaste
de Judea ir a Egito,
guíanos con el chiquito.

El ángel a Josepe

A quien çielo y tier[r]a adora,   45
¿quién le podría guiar?
Por do os quisiere levar
caminad con la señora.

Prosig[u]e el ángel

Es verdadera car[r]era,
es eterno, es infinito,   50
Él os levará a Egito,
Él os volverá a esta tier[r]a.

Oyendo Josepe al ángel, va cantando este villançico

Andemos, señora, andemos,
o si manda, descansemos.

No me carga mi çur[r]ón,   55
no he de menester mi cayado,
que de Dios soy consolado,
libre de toda pasión;
pues que nuestra redención
con nosotros la traemos: 60
andemos, señora, andemos,
o si manda, descansemos.

El descanso verdadero
es nuestro hijo precioso;
Éste es Dios poderoso,   65

Éste es el manso cordero;
en la su piedad espero
que muy presto volveremos:
andemos, señora, andemos,
o si manda, descansemos.   70

[ESCENA IV]

Prosig[u]e Josepe

Los tigres y los leones
se umilyan al poderoso,
y en este valle fraguoso
nos cercaron tres ladrones;
a la Virgen quitan manto,   75
a mí, la capa y çur[r]ón,
desnudan al ni[ñ]o sancto,
déxanle en un camisón.

El viejo y dos hijos suyos
ladrones que nos rovaron,   80
viéndote, ellos confesaron
los altos secretos tuyos;
y un hijo d'este ladrón,
de tu graçia inspirado,
quesiste fuese salvado   85
en el día de la pasión.

El ladrón moço a Xpo.

De ti, ni[ñ]o, veo salir
atán grande resplendor,
que me pone tal temor
quanto no puedo dezir;   90
y, según pienso y entiendo,
eres el sancto Mexías,
que las sanctas profeçías
veo que se van cumpliendo.

Pónense de rodillas los tres ladrones
y dizen a Nra. Señora

Ladrones somos provados,   95
señora, ya lo savéis,
al niño vo[s] supliquéis
que seamos perdonados;
queremos restituir
lo que a vos hemos tomado;   100
si queréis, de lo hurtado
con vos queremos partir.

Nuestra Señora a los ladrones

Dizen que es viçio hurtar,
vos lo savéis, que lo usáis,
mas si d'ello os apartáis,   105
Dios os quer[r]á perdonar;
Él, por su misericordia,
os aparte d'este viçio;
travajá en algún ofiçio
por que alcançéis su gloria.   110

[ESCENA V]

San Juan pide liçençia a sus padres

Padre mío, Zacarías,
señor, dé vuestra liçençia,
y vos, madre, aved paçiençia
ora por algunos días;
pido licencia a los dos,   115
que mi coraçón desea
apartarme de Judea
hasta que a ella vuelva Dios.

Zacarías a San Juan

Hijo, la buestra ni[ñ]ez
no os enga[ñ]a, según creo;   120
naçistes en gran deseo
por consolar mi vejez;
y, pues me queréis dexar
por ir buscar al Mexías,
Él prospere buestros días,   125
Él os quiera aquá tornar.

Sancta Ysabel a San Juan

La graçia de Dios tama[ñ]a,
hijo mío, con vos sea;
de Egito para Judea
vienen por esta montaña;   130
si alguno vierdes pasar,
que venga por esta vía,
al Jesú y a la María
me inviaréis a saludar.

[ESCENA VI]

El peregrino viene de Egito y dízele San Juan

—Amigo, ¿dónde venís?,   135
parescéime fatigado.

Peregrino

—Así es, como dezís,
de Egipto vengo cansado.

San Juan

—¿Para dónde avéis camino?
¿Para adónde es vuestra vía?   140

Peregrino

—Soy de Egipto peregrino,
a Judea vo en romería.

[San Juan]

—Si tuviese pan o vino,
por çierto, dároslo ya.

[Peregrino]

—Pues, dezime, ¿qué coméis   145
en esta fiera monta[ñ]a?

[San Juan]

—La graçia de Dios tama[ñ]a
me sostiene, como veis.

[Peregrino]

Dezime, ¿con esa graçia
sin comer os sostenéis?   150

[San Juan]

—Como las yervas que veis
y en invierno de la laçia.

[Peregrino]

—Tenéis vida muy crüel
en comer yerva del campo.

[San Juan]

—Otras veces como miel   155
que a las colmenas ar[r]anco.

[Peregrino]

—Tornárseme ía hiel
el comer sin pan y vino.

[San Juan]

—Al que Dios hiziere digno
vien podrá pasar sin él.   160

[Peregrino]

—No viviría como vos
sin comer pan solo un día.

[San Juan]

—Estoy esperando a Dios,
que allá en Egipto seeía.

[Peregrino]

—¡Cómo! ¿El buestro Mexías   165
savéis que al mundo es venido?

[San Juan]

—En Velén Él fue nasçido,
críase donde venías.

[Peregrino]

—Tú dame las señas d'Él,
quiero volver a buscalle.   170

[San Juan]

—De una Virgen [n]asçió
desposada con un viejo.

[Peregrino]

—Vien creo que en mi conçejo
todos tres los dejo yo.

[San Juan]

—La madre llaman María,   175
al ni[ñ]o, sancto Jesú.

[Peregrino]

—Esos que me dizes tú
yo muy vien los conosçía.

[San Juan]

—Así Dios te dé alegría,
que me cuentes cómo están.   180

[Peregrino]

—No les falta vino y pan,
la due[ñ]a les mantenía.

[San Juan]

—Dime, ermano, ¿qué hazía
o a qué gana de comer?

[Peregrino]

—A hilar y a coser,   185
travajando noche y día.

[San Juan]

—¡O, quien te viese, Jesú!
¡o, quien te viese, María!

[Peregrino]

—¿Y al viejo querías ver tú
que Josepe se dezía?   190

[San Juan]

—Vien sé que los conosçías
pues a Josepe as nonbrado.

[Peregrino]

—Pues me as encaminado,
¿qué me mandas que les diga?

[San Juan]

—Que al ni[ñ]o veso los pies,   195
y a la Virgen consagrada.

[Peregrino]

—¿Y al viejo no dizes nada?
Tanvién creo que sancto es.

[San Juan]

—Encomiéndame a todos tres,
dales cuenta de mi vida.   200

[Peregrino]

—Adiós, hasta su venida,
que a la vuelta me verés.

[San Juan]

—Siempre sea en tu guía
aquel ni[ñ]o, Dios y ombre.

[Peregrino]

—Pues dime, hermano, tu nombre   205
para contalles tu afán.

[San Juan]

—Dios me puso nonb[r]e: Juan
Bautista seré llamado.

[Peregrino]

—Haz cuenta que me as salvado;
hermano, quédate a Dios.   210

[San Juan]

—Él vaya siempre con vos
y Él os traya consiguo.

[Peregrino]

—Adiós, Juan.

[San Juan]

—Adiós, amigo;
Él haga salvos los dos.

[ESCENA VII]

Buélvese el peregrino de Egipto
cantando

¡O, qué gloria es la mía, 215
saver nueva del Mexía!

Yo vi al sancto chiquito
allá en mi tier[r]a de Egito,
tan perfecto y tan vonito
quanto dezir no savía. 220
¡O, qué gran gloria la mía,
saver nueva del Mexía!

En llegando ofresçerle he
la mi alma pecadora;
si quisiere la señora, 225
la mi casa le daré;
de buen grado dejaré
todo quanto yo tenía
por andar con el Mexía.

[ESCENA VIII]

En bolviendo a Egito, va a adorar
a Dios

Adoro's, santo Mexía, 230
y a la madre que os parió,
a la qual suplico yo
se vaya a la casa mía
y por suya la resçiva,
y todo quanto yo tengo 235
y a mí, que a serviros vengo,
mientra quisierdes que viva.

Un mançevo que hallé
en una fiera monta[ñ]a,
aquel que en gloria se vaña   240
en predicar vuestra fe,
al que distes nonbre, Juan,
os espera en una sier[r]a,
dándose vida muy fiera
sin carne, vino ni pan.   245

Al niño vesa los pies;
muchas encomiendas trayo
de aquel descalço y sin sayo,
Virgen Madre, a todos tres;
las piedras rompen sus pies,   250
piel de camello vestía,
de yervas se mantenía
como una bruta res.

En las cuevas se acogía
como culebra o lagarto,   255
tan contento está y tan harto
como aquél que más tenía.
Virgen, si avéis plazer
de que aquí con vos yo viva,
si no, [a] aquella sier[r]a esquiva   260
con Juan me quiero volver.

Nuestra señora al Peregrino

Vuélvete por do veniste,
vuelve y gusta aquel afán,
vuelve a consolar a Juan
y dile cómo nos viste;
dile que presto emos de ir,   265
no tardará nuestra ida,
y con él haz la tu vida
hasta que nos veas ir.

[ESCENA IX]

*Estando San Juan en su cueva vio venir el Peregrino
y sale a resçivir diziendo*

Romerico, tú que vienes   270
do el rey de la gloria está,
las nuevas d'Él tú me da.

Mucho deseo saver
quándo será su venida,
que, al tiempo de tu partida,   275
tú me uvieras de hazer
olvidar aquesta vida
y irle a buscar allá:
las nuevas d'Él tú me da.

Romero

En tu tan sancto vivir   280
Dios manda que perseveres;
dize, Juan, que aquí le esperes
que muy presto á de venir;
y más te quiero dezir:
qu'el mundo redimirá,   285
tal nueva save de allá.

La madre estava cosiendo
y en la su halda tenía
Aquel que el mundo regía,
con Él se estava riyendo;   290
el viejo, según entiendo,
siempre adorándole está:
tal nueva save de allá.

Prosig[u]e el Peregrino

A la Virgen y al chiquito,
dize aquel su sancto padre   295

que en el vientre de tu madre
adoraste al infinito;
y, pues eres d'Él bendicto,
contigo estaré acá,
hasta que Él venga de allá.   300

Tiénete muy gra[n]de amor,
dize su pariente eres,
dize que de las mugeres
no nasçiera otro mayor;
dize que eres su vandera,   305
que levantes su pendón,
inviate su vendiçión,
que aparejes su car[r]era.

San Juan

Romero, tú seas vendito
del Señor que te crió;   310
gran deseo tenía yo
de ver alguno de Egito;
no sé con que te sostenga
si quieres aquí vivir;
si quieres a Dios servir,   315
esperemos a que venga.

Prosigue el Peregrino

Save, Juan, que soy mudado,
que no soy quien ser solía;
quando vine en romería
de tu vida fui espantado;   320
ora sé que Dios es vida
y la su graçia es hartura;
quedemos en la espesura
esperando su venida.

Vámonos [a] alguna cueva,   325
si la ay en la montaña,

que el diablo, con su maña,
tengo temor que me mueva;
mil vezes me ha tentado
después que busqué a Dios,   330
dezí, Juan, si osa a vos
tentaros aquel malvado.

San Juan

A Jesú ha de tentar,
¡quánto más a mí y a vos!
Acordaos siempre de Dios,   335
porque no os pueda enga[ñ]ar;
començad a contemplar
en su sancta encarnaçión,
que por nuestra salvaçión
quiso la carne tomar.   340

Prosigue San Juan

Muy contino hablaremos
en nuestra muy sa[n]cta fe,
y de espaçio os diré
lo que de creer tenemos;
festejar quiero este día,   345
alguna miel comeremos,
y después contemplaremos
en nuestro sancto Mexía.

Peregrino

Para mejor dotrinarme,
Juan, de las yervas comamos   350
y, pues el mundo dexamos,
no quiero engolosinarme;
era amigo de dulçores,

mira, Juan, lo que te digo:
después que topé contigo   355
sólo en Dios hallo favores.

[ESCENA X]

El ángel a Josepe

Buen viejo, de Dios amado,
Dios permite que así sea:
volveos para Judea
que Erodes ya es finado;   360
allí tenéis de tornar
a fenesçer buestros días,
y las sacras profeçías
allí se an de acavar.

[ESCENA XI]

Josepe a Nuestra Señora

Esposa, virgen y madre   365
del Señor que os ha criado,
saved que nos ha mandado
a Judea volver Dios padre;
el ángel que nos mandó
que viniésemos acá,   370
el mesmo me aparesçió,
mándanos volver allá.

[ESCENA XII]

A la buelta canta Josepe
este villa[n]çico

Alegrarte as, tier[r]a mía,
porque a visitarte va
el que te redimirá.   375

Alegraos fuentes y ríos,
y los montes y collados;
trayan los campos y prados
frescas flores y ruçíos;
qualquiera que en ti creía   380
con justa razón dirá:
alegrarte as, tier[r]a mía,
porque a visitarte va
el que te redimirá.

ALONSO DEL CAMPO (?)

AUTO DE LA PASIÓN

INTRODUCCIÓN

La obra apareció en un libro del Archivo de Obra y Fábrica de la catedral de Toledo. Su descubrimiento se debe a Carmen Torroja Menéndez, autora, junto con María Rivas Palá, de un estudio y transcripción de la pieza [1]. Se trata de un volumen de pequeño tamaño en el que se recogían las cuentas de la capilla llamada de San Blas o de don Pedro Tenorio, arzobispo toledano fundador de la misma. Al final, aprovechando los folios y partes de folio en blanco, se hallan una pieza dramática que Torroja y Rivas titularon *Auto de la Pasión,* un texto perteneciente, casi con seguridad, al *Auto de los Santos Padres* y un guión del *Auto de San Silvestre.*

Autoría

Aunque el texto del *Auto de la Pasión* se presenta como anónimo, las editoras no han dudado en atribuirlo a Alonso del Campo, basándose en razones puramente documentales [2]. Hasta hace muy poco tiempo, la crítica

---

[1] *Teatro en Toledo,* cit.

[2] Tres son las razones que aportan para la atribución de la paternidad: 1) Ser organizador de las representaciones del Corpus en la catedral primada, desde 1481 hasta su muerte, en 1499. 2) Ser receptor de las cuentas de la capilla de San Blas o de don Pedro Tenorio durante 1485, 1486 y en el primer tercio de 1487. Por tanto, tuvo que llevar el *Libro de Cuentas de Receptores* donde se encuentra el *Auto de la Pasión.* 3) Finalmente, y como razón definitiva, el hecho de que este libro se encontrara entre sus bienes al hacer el inventario de los mismos para ser subastados en pública almoneda.

ha admitido tal autoría, con la salvedad —señalada por las propias editoras— de que, dadas las correcciones y versos tachados y vueltos a escribir, ofrece más la apariencia de un borrador que la de una obra conclusa. Pero la aparición del ya citado artículo de Alberto Blecua, ha dado un nuevo giro a la cuestión. En efecto, el estudio filológico del texto le lleva a concluir que Alonso del Campo no es el autor del *Auto,* sino un mero ensamblador de los diversos materiales que lo componen. Su papel queda reducido, de este modo, al de un copista que, en algún caso, recrea, con muy poca fortuna, su modelo.

Materiales refundidos

Varias poéticas —señala A. Blecua— se funden en el *Auto.* La contemporánea, representada por los versos tomados de la *Pasión Trobada* y de *Las Siete Angustias de Nuestra Señora* de Diego de San Pedro [3] —que inician y finalizan la pieza—, y las que constituyen el resto, más propias de un «usus scribendi» del siglo XIV, e incluso del XIII. Estas otras partes deben de corresponder al texto de una primitiva «Representación de la Pasión» que se amplifica con otros materiales diversos y con los textos de Diego de San Pedro.

Podrían así establecerse tres estadios en la superposición de materiales. Al primero corresponderían los fragmentos que se suponen más primitivos: Prendimiento, Sentencia de Pilatos, diálogo entre San Juan y la Virgen; al segundo, los «Plantos» de San Pedro y San Juan; y, finalmente, al tercero, la adición de los pasajes de la *Pasión Trobada* y las *Siete Angustias de Nuestra Señora.* La conjunción de estos elementos hecha por Alonso del Campo, desembocaría en el *Auto* toledano.

---

[3]   A ello hay que añadir alguna estrofa suelta que no se halla en San Pedro, pero que responde, con toda claridad, al modo de hacer poético del siglo XV.

Estructura temática

La depuración por parte de las editoras reduce el texto a 599 versos fragmentados en ocho escenas:

Escena I: *Oración en el huerto* (vv. 1-143).

Escena II: *El prendimiento* (vv. 144-180).

Escena III: *La negación de Pedro* (vv. 181-220).

Escena IV: *Planto de San Pedro* (vv. 221-310).

Escena V: *Planto de San Juan* (vv. 311-415).

Escena VI: *Sentencia de Pilatos* (vv. 416-509).

Escena VII: *Nuestra Señora y San Juan* (versos 510-541).

Escena VIII: *Planto de Nuestra Señora* (versos 542-599).

No puede negársele a Alonso del Campo la hábil disposición de los materiales que maneja. Hombre versado en representaciones [4], su intención parece muy clara: completar, a partir de episodios fragmentados, una panorámica —si bien parcial— de la Pasión. Al no contar con un texto primitivo para la apertura —la *Oración en el Huerto*—, acude a una de las obras más conocidas sobre el tema en su tiempo, la *Pasión Trobada* de Diego de San Pedro. Whinnon [5] ha fijado la fecha de su redacción en torno al año 1470, anterior, por tanto, a las *Coplas de la Pasión* del comendador Román, hasta hace muy poco consideradas como el primer gran poema de la Pasión en la literatura castellana. Si tenemos en cuenta que la «copia» del *Auto* en el *Libro de Cuentas de Receptores* no pudo verificarse antes de 1486, está claro que Alonso del Campo conocía sobradamente una obra que se amoldaba, como ninguna otra, a sus propósitos. Ya Dorothy Severin señaló hace tiempo [6]

---

[4]   Véase la nota 2.

[5]   Keith Whinnon, «The religious poems of Diego de San Pedro: their relationship and their dating», *Hispanic Review*, 28 (1960), páginas 1-15.

[6]   «La *Passion Trobada* de Diego de San Pedro y sus relaciones con el drama medieval de la Pasión», *Anuario de Estudios Medievales*, Barcelona, I (1964), págs. 451-470.

las grandes posibilidades dramáticas de la *Pasión Trobada*. De ahí que Alonso del Campo tome, sin el menor ánimo de «plagio», el episodio que le interesaba para la «composición» de su Pasión. Bien es verdad que, en algún caso, retoca el texto de San Pedro con el fin de adaptarlo a la representación o, incluso, para lograr una mayor dramaticidad. Así, de las dos redacciones de la estrofa inicial, termina por rechazar la que más se aproxima a la *Pasión Trobada* y la sustituye por una propia: «Amigos míos, aquí esperad / mientras entro a orar al huerto, / que mi ánima es triste hasta la muerte...», lo que nos sitúa ya en un espacio concreto. Por otro lado, la referencia a Mateo, 26, 38 —«Tristis est anima mea usque ad mortem»— predispone el ánimo del espectador ante los hechos que se van a desarrollar. En otros casos, la alteración es mínima.

A partir de la escena II, Alonso del Campo configura los textos de que dispone en una sucesión ordenada de los hechos de la Pasión. La interpolación de los plantos de San Pedro y San Juan le sirve para narrar una serie de escenas difícilmente representables. Aunque, temáticamente, inciden en algún aspecto parcial, la narración avanza en el planto de San Juan hasta el momento en que enlaza, de modo natural, con la escena siguiente: Sentencia de Pilatos. En ese momento, el desarrollo canónico de la Pasión se suspende. Las escenas VII y VIII nada nuevo aportan ya al devenir de los hechos.

Fuentes

Independientemente de la datación de los distintos materiales barajados en el *Auto,* resulta evidente que la fuente inmediata para la mayoría de ellos son los Evangelios. En lo que respecta a los versos tomados de la *Pasión Trobada,* nos encontramos ante un modelo que tiene su precedente inmediato en el forjado por Ludulfo de Sajonia en su *Vita Christi.* Y esa forja se cimenta en la conjunción de los cuatro textos evangélicos.

Pero en esta amalgama de materiales que configuran la obra no faltan elementos apócrifos. El más significativo de ellos es, sin duda, la Sentencia de Pilatos. Dos textos apócrifos pueden relacionarse con ésta: *Relación de Pilato («Anaphora»)* o *Carta de Pilato a César* [7] y las *Actas de Pilato,* primera parte del Evangelio de Nicodemo [8]. Comienza el primero con una relación dirigida a César de los milagros y hechos de Jesús. Coincide con la sentencia del *Auto* en la elección de algunos de los milagros que pasan a constituirse en prueba condenatoria. El segundo refiere la comunicación a Jesús, por el propio Pilatos, de la sentencia que ha dictado contra Él. Ya Torroja y Rivas [9] señalan la existencia de una apócrifa Sentencia de Pilato, similar en forma y contenido a la del *Auto* [10]. A. Blecua [11] resalta el componente jurídico de la misma de acuerdo con los modelos que aparecían en las artes notariales del siglo XIII, así como su carácter arcaizante. Todo ello induce a pensar en una tradición, cuyo origen y transmisión es difícilmente precisable.

En esa misma corriente hay que incluir la escena VII, en que San Juan comunica a Nuestra Señora la triste nueva de la muerte de su Hijo. López Morales [12] lo relaciona con la *Meditatio Vitae Christi* de San Buenaventura y Dorothy Severin [13] con el *Dialogus Beatae Mariae et Anselmi* y versos correspondientes de la *Pasión Trobada.* Que es un episodio de gran arraigo, lo

---

[7] *Los Evangelios apócrifos,* págs. 533-535.
[8] *Los Evangelios apócrifos,* págs. 420-421.
[9] *Teatro en Toledo,* pág. 116.
[10] El texto se encontró en Aquila (Italia) en 1580. Se conserva una copia del original italiano en el archivo de Simancas, publicada por Aurelio de Santos junto con una versión castellana del XVIII, obra de D. N. Guerra, obispo de Segovia. *(Los Evangelios apócrifos,* páginas 394-535).
[11] Art. cit., pág. 105.
[12] *Tradición y creación en los orígenes del teatro castellano,* página 127
[13] Art. cit., pág. 463, nota 44.

demuestra la relación de obras contemporáneas en la que, de una u otra forma, el tema se repite [14].

Los tres plantos que constituyen las escenas IV, V y VIII se insertan en una amplia tradición elegíaca. Coinciden los de San Pedro y San Juan en su tono narrativo y en la repetición del estribillo final «¡Ay, dolor!», a imitación latina, si bien difieren en la estructura métrica. Es, básicamente, el metro empleado lo que lleva a A. Blecua [15] a concluir la existencia de uno o varios textos de los plantos, cuya «poética» entroncaría, en especial en el de San Juan, con la clerecía. El planto de la Virgen, tomado de las *Siete Angustias,* se desarrolla según la poética del momento y su carácter es eminentemente lírico. La devoción mariana alienta la contemplación del Dolor de la Virgen y de ahí la frecuencia que alcanza en la literatura medieval el «planctus Mariae» —recordemos el famoso *Duelo* de Berceo o el *Plant de la Verge* de Ramón Llul—, si bien es en el XV cuando adquiere una nueva dimensión. Pierre le Gentil [16] señala como precedentes el célebre himno de Jacopone da Todi *Stabat Mater dolorosa* y el *Tractatus de planctu Beatae Mariae,* atribuido, falsamente según Oroz Reta [17], a San Bernardo.

---

[14] Además de en las *Lamentaciones* de Gómez Manrique, el tema está presente en *Los cuchillos del dolor de nuesta Señora, puestos en verso por Gómez Manrique a ynstancia de doña Juana Mendoça, su mujer.* Un poema de fray Ambrosio Montesino comienza: «Este romance de la disposición e tristeza que la Reina del Cielo tenía cuando uno le vino a decir que su Hijo estaba preso, compuso fray Ambrosio Montesino.» En ninguno de estos dos casos se menciona la persona portadora de la triste nueva, pero es evidente su relación con esta tradición popular.

[15] Ar. cit., pág. 95.

[16] *La poésie lyrique...,* I, págs. 300-302.

[17] José Oroz Reta, «Paralelismo literario entre el *Duelo* de Berceo, el *De lamentatione* y Los Evangelios», *Helmántica,* 2 (1951), págs. 324-340.

Estructura dramática

La acumulación de los diversos materiales que configuran la *Pasión* resta coherencia a su estructura dramática. En principio, pueden distinguirse dos bloques perfectamente diferenciados: el primero lo configuran las escenas I, II y III, en las que el movimiento dramático, aunque desigual, es la tónica dominante; en el segundo, que abarcaría el resto de las escenas, la acción deja paso a la narración de los hechos.

Pero, como he señalado, aún en el primer apartado pueden establecerse algunas diferencias. Así, la escena I —la *Oración en el Huerto*—, se resiente de los inconvenientes de la adaptación de un poema sin fines representativos. De ahí que pueda subdividirse en varios cuadros cuyo estatismo se rompe sólo con la presencia del ángel que porta los emblemas de la Pasión. Se establece entonces un diálogo que dinamiza la puesta en escena, excesivamente poemática hasta este momento. Se trata, en realidad, de una serie de oraciones puestas en boca de Cristo, que Él interrumpe en dos ocasiones para dirigirse a los discípulos —presencia muda— en un intento del adaptador de romper con la estructura narrativa.

Distinta es la tónica de las escenas II y III. En ellas la acción avanza con paso firme, constituyéndose en la parte del auto con estructura dramática más definida.

A partir de la escena IV, el desarrollo de los acontecimientos vendrá narrado de manera indirecta en los plantos de San Pedro y San Juan. Sólo se establece de nuevo el diálogo en la escena VII entre San Juan y Nuestra Señora. El dramatismo, por tanto, dimana de los propios hechos narrados y no de una estructura teatral propiamente dicha.

Escenografía

La incoherencia dramática supone lógicamente una dificultad escenográfica. De acuerdo con lo ya expuesto, las tres primeras escenas no presentan dificultad alguna; los espacios están perfectamente definidos: *Huerto* y *Casa de Anás*. Pero, ¿dónde tienen lugar los plantos y la sentencia de Pilatos? El primero de ellos, que cuenta, lo mismo que el segundo, con la presencia muda de Pilatos, pudiera desarrollarse en el palacio de este último, aunque más coherente resultaría que el espacio escénico siguiera siendo la *Casa de Anás*. Más problemático se presenta todavía el planto de San Juan. Por su contenido se supone que Cristo ya ha muerto; por tanto, lo lógico sería que San Juan expresara su lamento al pie de la Cruz, lo mismo que la Virgen en la escena final. De este modo, bastarían tres acotaciones de lugar: *Huerto, Casa de Anás, Calvario*.

Pero en ese caso quedarían descolgadas dos escenas: la sentencia y el diálogo entre San Juan y Nuestra Señora, que presupone un desconocimiento total por parte de ésta de los hechos acaecidos, en un intento anacrónico de dotar de mayor dramatismo al fatal anuncio. Dada la concepción del espacio escénico del momento, no habría, con todo, dificultad alguna en resolver los dos casos. Se nos dice que Pilatos está presente en las escenas de los plantos; nada más sencillo, según eso, que hacerle adelantar unos pasos para decir su parlamento. Por otra parte, se supone la presencia continuada de San Juan en escena; si tenemos en cuenta que su planto debiera tener lugar al pie de la cruz, situada en un ángulo del escenario, no habría tampoco dificultad en hacerle llegar el encuentro de la Virgen, acompañada de la Magdalena. A continuación, como colofón, el planto lírico de Nuestra Señora cerraría el drama.

Métrica

Las variadas formas métricas están en relación con las distintas poéticas establecidas. Los fragmentos tomados de Diego de San Pedro responden a la estrofa más común en este tipo de poemas narrativos: la copla real.

El resto presenta la variedad propia de los distintos ensamblajes textuales, que podríamos agrupar así: escena II y III, con una misma apoyatura métrica en la cuarteta y combinación de ésta en la copla castellana; la escena V —planto de San Juan—, cuya forma estrófica es claramente arcaizante [18]; y, finalmente, la escena VI —la Sentencia— con una métrica fluctuante en cuartetas de rimas abrazadas.

---

[18]   Navarro Tomás sólo señala un ejemplo en el siglo xv de sextilla con rima ababab en la *Misa de Amores* de Suero de Ribera. Véase Tomás Navarro Tomás, *Métrica española,* cit., pág. 128.

BIBLIOGRAFÍA

BLECUA, A.: «Sobre la autoría del *Auto de la Pasión*», en *Homenaje a Eugenio Asensio,* Madrid, Gredos, 1988, págs. 79-112.

LE GENTIL, P.: *La poésie lyrique espagnole et portugaise à la fin du Moyen Age. Première Partie. Les thèmes et les genres,* Rennes, Plihon, 1949.

OROZ RETA, J.: «Paralelismo literario entre el *Duelo* de Berceo, el *De lamentatione* y los Evangelios», *Helmántica,* 2 (1951), págs. 324-340.

SEVERIN, D.: «La *Passion Trobada* de Diego de San Pedro y sus relaciones con el drama medieval de la Pasión», *Anuario de Estudios Medievales,* Barcelona, I (1964), págs. 451-470.

TORROJA MENÉNDEZ, C.-RIVAS PALÁ, M.: *Teatro en Toledo en el siglo XV: «Auto de la Pasión» de Alonso del Campo,* Madrid, Anejo XXXV del Boletín de la Real Academia Española, 1977.

WHINNON, K.: «The religious poems of Diego de San Pedro: their relationship and their dating», *Hispanic Review,* 28 (1960), págs. 1-15.

[AUTO DE LA PASIÓN] *

[ESCENA I]

[LA ORACIÓN EN EL HUERTO]

Al oratorio del huerto
Primera oración del huerto [1]

[NUESTRO SEÑOR]

Amigos míos, aquí esperad
mientras entro a orar al huerto,
que mi ánima es triste hasta la muerte
que yo é de pasar muy fuerte,
e mi cuerpo está gimiendo   5
y mi coraçón desfallesçiendo.
Velad comigo, mis amigos,
no me seáis desconosçidos.

---

* Sigo el texto fijado por las editoras con un criterio de modernización prácticamente idéntico al que yo he adoptado para el conjunto de las piezas, excepto para el *Auto de Reyes*. Introduzco, sin
embargo, algunos cambios en la puntuación.
[1] Aquí se tacha la siguiente estrofa. Al margen dice: *ojo*.

> Amigos, velad y orad
> y no entrés en tentaçión
> y aquí me esperad,
> que yo's quiero un poco dexar,
> y catad que no's turbés
> que más comigo n'ostarés
> de quanto acabe de orar.

Aqui se apartará y hincará las rodillas,
y diga al Padre

Padre mío pïadoso,
oye la mi oraçión   10
y dale, Señor, reposo
[a] aq[u]el dolor temeroso
que cerca mi coraçón;
hazme, Señor, consolado
que tengo fatiga fuerte,   15
que me siento muy turbado,
que me tiene atribulado
el angustia de la muerte.

Otra

Por enojo que tomaste
de la injuria a ti hecha   20
en el mundo me enbiaste,
y mandaste y ordenaste
fuese por mí satisfecha.
Y vista tu voluntad
obedesçí tu mandado   25
y en servir muy de verdad
a tu alta magestad
siempre é tenido cuidado.

Otra

Pero la muerte presente
y las ansias y temor   30
qu'esta carne triste siente,
me quexa muy bravamente
que te suplique, Señor;
si a ti plaze otra cosa,
por tu infinita bondad,   35
ves aquí no perezosa
esta mi carne medrosa,
cúnplase tu voluntad.

*Aquí se [l]evantará y irá a los discípulos
y dirá*[2]

Nunca podistes velar
una sola ora comigo,   40
amigos, quered orar
y bien despiertos estar,
por que sienta yo lo que digo;
un escándalo avrés fuerte,
por ende estad contenplando   45
y vuestro seso despierte,
que la ora de mi muerte
sabed que se va açercando.

Torna aora la segunda vez y dirá[3]

Padre, no sé yo qué haga,
pues mandas que muera yo,   50
queriendo que satisfaga
aquella incurable llaga
qu'el primer padre dexó.
Mas pues tanta crueldad
mi ánima triste hiere,   55
si manda tu magestad,

---

[2]   Se tachan después estos versos:

> Nunqa podistes velar
> sola una ora comigo,
> amigos, velad y orad
> y no entrés en tentaçión
> e en oración sienpre estad,
> no recibáys tentaçión.

[3]   Torroja y Rivas cambian aquí el orden, suprimiendo primero
una estrofa que se halla inmediatamente después de esta acotación:

> O, Padre, si ser pudiese
> çesase tal desventura
> por que muerte tan escura,
> Padre, yo no la beviese;
> mi ánima triste hiere,
> si manda tu magestad,
> cúnplase tu voluntad
> que la mía eso quiere.

cúnplase tu voluntad,
que la mía eso quiere.

> *Aquí se bolverá a los discípulos, y*
> *mirallos á cómo están durmiendo, y*
> *callará, y bolverse á a orar la tercera vez.*
> *Y diga:*

Padre, si as ordenado
que de todo en todo muera,   60
que se cunpla tu mandado,
pues ser por ti remediado
el linaje umano espera.

> *Aquí parescerá luego el ángel teniendo las*
> *ensinias de la Pasión y mostrará cada una*
> *por sí a su tienpo*

Señor, tu Padre te oyó
desde tu primer rogar   65
y nunca te respondió
porque medio no halló
para remedio te dar;
que bien deves Tú saber
que fue, Señor, tu venida   70
para muerte padesçer
y con ella guaresçer
toda la gente perdida.

Sofrirás mucha tristura,
desonrras de gran pesar,   75
¡O, divina hermosura!,
qu'este cáliz d'amargura
en ti s'á d'esecutar.
Serás, Señor, acusado
de falsas acusaçiones,   80
açotado y coronado
y después cruçificado
en medio de dos ladrones.

Primero serás prendido
de los que oviste enseñado,   85
de los quales escopido
as de ser y escarneçido
y cruelmente ofensado;
de los judaicos varones
sofrirás a sin razón   90
mil cuentos de sinrrazones,
porque infinitas pasiones
consiste[n] en tu Pasión.

Respuesta de Nuestro Señor al ángel

¡O, mensajero del çielo!,
quánto á que te esperava   95
mi penado desconsuelo,
pensa[n]do que tu consuelo
fuera qual yo deseava.
Aunque en saber do saliste
gran consuelo tengo yo,   100
pero aq[u]ella nueva triste
q[u]'en llegando me dixiste
el coraçón me quebró.

El ángel a nuestro Señor

Verdad es que Tú serás
a sin culpa condenado,   105
mas así redemirás
con tu muerte quantos as
para ti y por ti criado;
que, Señor, si no criaras
los prim[er]os que heziste,   110
cosa d'estas no pasaras
ni mucho menos gustaras
paso tan amargo y triste.

Nuestro señor al ángel

Ángel, mucho t'encomiendo
que le digas a mi Padre,   115

porque mi muerte sabiendo,
será su bevir muriendo,
que no olvide aquella Madre;
que, pensando [en] su pasión,
la muy grande mía olvido,   120
tengo muerta la razón
y tengo mi coraçón
en fuego d'amor ardido.

El ángel

Señor, bien sabes que los santos
padres que en el linbo están,   125
sus tormentos y sus llantos,
dolores y males tantos
con tu Pasión çesarán;
y dízete que Él hará
lo que más le encomiendas,   130
que tu Madre mirará
y tus siervos guardará
commo Tú ge lo rüegas.

Nuestro Señor a los diçípulos [4]

Pues veis que no se mejora
este través qu'esperamos;   135
ya más no nos detengamos;
[l]evantaos, amigos, vamos,
que ya es llegada la ora
para que el Hijo de Dios
resçiba inmensos dolores   140
por el pecado de dos,
al qual verés puesto vos
oy en manos de traidores.

---

[4]   Torroja y Rivas desplazan estas estrofas de otro lugar del manuscrito.

[ESCENA II]

[EL PRENDIMIENTO]

[EL IHESÚ]

Amigos, ¿y qué hazés
que tan gran sueño tenés?   145
[l]evantadvos y andemos,
que no es tienpo que aquí estemos;
que yo de verdad vos digo
que aquél que me trae a la muerte
aína será comigo.   150

Aquí vendrá judas

Sienpre ayas tú salud,
rabí santo de virtud,
viéneme a la voluntad
que te querría besar.
Besarte quiero, Señor,   155
que eres mi Dios y mi Criador.

EL IHESÚ

Amigo, ¿esa tu color
cómmo le traes demudada?
Si tú vienes con amor,
tu ánima es perturbada.   160

JUDAS

Señor, yo te vengo a besar
y a darte paz en la boca,
mi devoçión no es poca,
luego quiero començar.
Besarte quiero, Señor,   165
qu'eres mi Criador.

EL IHESÚ

Plázeme de te besar,
yo bien sé la tu falsía,
que vienes a perturbar
la mi santa conpañía.   170

JUDAS A LOS JUDÍOS

Amigos, caede aquí,
al cruel onbre tirano
que por dineros vendí
yo luego y echalde la mano;
y que tal manera lo atad,   175
que [no] se os pueda soltar,
que si se os va d'entre manos
non lo avrés d'aquí a çien años;
y dalde mala ventura,
que bien lo meresçe por su locura.   180

[ESCENA III]

[LA NEGACIÓN DE PEDRO]

[SANT PEDRO]

Señora, por Dios os ruego
me dedes algún lugar
a llegarme [a] aquese fuego
que me querría escalentar,
que yo no puedo pasar   185
el grande frío que faze;
declaradme, si os plaze,
de me dar este lugar.

LA ANÇILLA

Tú d'aqueste onbre eras,
que no lo puedes negar; 190
yo lo veo en tus maneras,
yo te lo quiero provar;
si te quisiese acusar
al que la oreja cortaste
aquesto solo te baste 195
para te hazer matar.

SANT PEDRO

Nunca yo lo conosçí,
ni con Él uve notiçia,
pero soy venido aquí
por mirar esta justiçia. 200

LA ANÇILLA

Yo te vi en el huerto
quando sacaste el cuchillo;
por ello deviés ser muerto,
si curase de dezillo.

SANT PEDRO

Agora vengo de Betania, 205
así Dios sea por mí,
nunca anduve en su conpaña
ni tal onbre conosçí.

LA ANÇILLA

Yo t'é visto cada día
este onbre aconpañar, 210
departiendo la eregía
qu'Él solía predicar.

SANT PEDRO

Yo te juro por Dios bivo
con tal onbre nunca anduve
y otra vez su nombre juro,   215
si no, Él nunca me ayude.
Y por que nadie no dubde,
quítame la vestidura,
si queréis que me desnude
como onbre sin ventura.   220

Aquí cantará el gallo

[ESCENA IV]

[PLANTO DE SAN PEDRO]

SAN PEDRO. EL PILATO

¡Ay, cuytado pecador!,
¿qué haré, desanparado?
Pues negué tan buen Señor,
mucho me siento culpado;
¿quándo seré perdonado   225
d'este pecado tan fuerte?
pues que le tratan la muerte
que muera cruçificado.
            ¡Ay, dolor!

Él me dixo así, cuitado,   230
cuando a su mesa comía,
que antes del gallo cantado
tres vezes lo negaría.
Dixe que tal no haría,
aunque supiese ser muerto,   235
fuímosnos luego al huerto,
viendo que el tienpo venía.
            ¡Ay dolor!

En breve ovieron llegado
en harta de ora poca,   240
con Judas, el renegado,
y otra conpaña loca,
y diole paz en la boca,
por que viesen que era el Ihesu;
tomáronlo luego preso,   245
con reverençia muy poca.
     ¡Ay dolor!

Començaron de avatillo
a poder de pescoçadas,
dando fuertes bofetadas   250
en su presçioso carrillo.
Saqué luego mi cuchillo,
con la gran cueita sobeja
y corté a Marco la oreja,
no pudiendo más sofrillo.   255
     ¡Ay, dolor!

Al que yo corté la oreja
vino luego el Redentor,
púsogela muy pareja
commo alto sabedor;   260
tomaron luego al Señor,
lleváronlo cas de Anás;
de los suyos ya no ay más,
sino Juan e yo, pecador.
     [¡Ay, dolor!]   265

Desque lo ovieron metido
do avía de ser juzgado,
yo quedé fuera, cuytado,
ý no fuese conosçido,
y después que Juan me vido,   270
una muger fui rogar

que me dexase entrar,
porque fezía gran frío.
        ¡Ay, dolor!

[Y] entrando de presente,   275
fuime a sentar al fuego;
ella preguntóme luego
si era d'Aquel maldiziente.
Yo juré muy falsamente
que no sabía quién era   280
y salíme luego fuera,
llorando de continente.
        ¡Ay, dolor!

Commo onbre muy culpado
puse en tierra los finojos;   285
con lágrimas de mis ojos,
maldiziendo mi pecado,
dezía: ¡Desmanparado!,
quando en esta sazón
si no me enbía perdón   290
el que de mí fue negado.
        ¡Ay, dolor!

Él me dixo así, cuitado:
«Cata, Pedro, qué heziste;
mas por que no quedes triste,   295
todo te sea perdonado;
e luego no seas tardado,
faz penitencia d'aquesto,
pues que Ihesú, tu maestro,
á de ser cruçificado.»   300
        [¡Ay, dolor!]

Estando muy afinado,
llamándome pecador,
vi sacar muy desonrado
al mi presçioso Señor.   305

Él mostróme tanto amor
con quanta pena llevaba,
dixo que me perdonava
aviendo de mí dolor.
      [¡Ay, dolor!]   310

[ESCENA V]

[PLANTO DE SAN JUAN]

SANT JUAN. PILATO

Señor [5] buen Ihesú amado,
de los buenos bien querido,
yo, Juan, el desanparado,
a hazer planto soy venido
por la muerte que os a dado   315
vuestro pueblo el descreído.
      ¡Ay, dolor!

---

[5] «El planto de San Juan se repite con algunas variantes en dos
lugares del manuscrito. La versión de los folios 23v y 24r comprende
14 estrofas más una tachada; la de los folios 78v y 79r tiene solamente
siete estrofas...» (Torroja-Rivas, págs. 170-171). Ésta es la versión
más breve:

> *Sant Juan*
> Señor buen Ihesú amado
> de los buenos bien querido,
> yo, Juan, el desconsolado
> a hazer planto soy venido
> por la muerte que vos a ý dado
> vuestro pueblo descreýdo.
>
> Por hartarme de llorar,
> y todos lloren comigo,
> cantar quiero vuestro mal,
> Señor, que vos es venido:
> los judíos con maldad
> a la muerte vos an traýdo.

Por hartarme de llorar,
y todos lloren comigo,
contar quiero vuestro mal,   320
Señor, que vos es venido:
los judíos con maldad
a la muerte vos an traído.
        [¡Ay, dolor!]

Estando en el huerto orando,   325
como solíades hazer,
al vuestro Padre rogando
que vos quisiese valer,

Estando en el huerto orando,
según solíedes hazer,
y al Padre mucho rogando
que os quisiese estorçer,
el pueblo vino raviando
crudamente a vos prender.

Judas venía delante
que non quedava atrás,
corriendo commo un gigante,
Señor, por ver vuestra faz.
El traydor con buen senblante
saludóvos y dio's paz.

Fuerte soga a la garganta
commo a ladrón vos echaron,
fuertemente apretada,
y las manos vos ataron;
con fuertes bofetadas,
vuestra cara demudaron.

Lleváronvos ante Anás,
do mucho mal os hizieron,
después a cas de Cayfás,
donde vos escarnesçíeron,
diziendo: muerte avrás,
quales nunca ojos vieron.

Por tan sola una palabra
que ante Anás dixistes,
la falsa gente renegada
a quien tanto bien hezistes
diéronvos una bofetada
que de los ojos non vistes.

el pueblo vino raviando,
Señor mío, a vos prender.   330
        ¡Ay, dolor!

Judas venía delante,
que no se quedava atrás,
corriendo commo gigante,
Señor, por ver vuestra faz,   335
y el traidor con mal semblante
saludóvos y dio's paz.
        ¡Ay, dolor!

Soga a la garganta atada
commo a ladrón vos echaron,   340
e muy fuerte apretada
a las manos vos ataron,
y con muchas bofetadas
vuestra cara demudaron.
        ¡Ay, dolor!   345

Ante Anás vos llevaron,
do mucho mal vos fizieron,
e a Cayfás vos presentaron
do vos escarnesçieron;
fasta Pilato non çesaron   350
que vos matasen le pidieron.
        ¡Ay, dolor!

Por una sola palabra
que delante Anás dexistes,
uno de la gente armada,   355
a quien tanto bien hezistes,
diovos una bofetada
que de los ojos non vistes.
        ¡Ay, dolor!

Señor, desque esto fue hecho,   360
mayor mal vos ordenaron
los traidores con despecho;
a Pilato vos levaron,

a tuerto e a sin derecho,
falsas cosas vos acusaron.   365
            ¡Ay, dolor!

Pilato con vos fabló,
por mejor se informar
de la verdad, e no halló
por qué vos oviese de matar.   370
A un poste vos ató
e vos fizo açotar.
            ¡Ay, dolor!

Desque fustes açotado
y llagada vuestra persona,   375
por que fuésedes más penado,
según mi dicho razona,
en vuestra cabeça ovo asentado
d'espinas fuerte corona.
            ¡Ay, dolor!   380

Desde fustes coronado,
Señor mío, cruelmente,
a Erodes vos ovo enbiado
por vos dar pena más fuerte,
pues Erodes suso juzgado   385
que vos condenase a la muerte.
            ¡Ay, dolor!

Herodes vos preguntara
Señor Ihesú, asaz razones;
desque vido que no hallara   390
en vos malas presunçiones,
a Pilato vos tornaron,
viendo las sus intinçiones.
            ¡Ay, dolor!

Señor, ¡quién podría contar,   395
andando estas jornadas,
que tal vos fueron parar
de açotes e bofetadas,

e vuestras barvas mesadas
a muy grandes pulgaradas!
   ¡Ay, dolor!

              400

Pilatos [con] gran temençia
que le irían a mesclar,
diera contra vos sentençia
que vos llevasen matar
y, sin ninguna conçiençia,
en la cruz cruçificar.
   ¡Ay, dolor!

              405

La [6] sentençia ya leída,
los judíos descreídos
con alegría conplida
davan grandes apellidos.
Dezía[n]: «La nuestra vida
es ya quitada de ruidos.»
   ¡Ay, dolor!

              410

              415

[ESCENA VI]

[SENTENCIA DE PILATOS]

[PILATOS]

Yo Pilato adelantado,
de Iherusalém regidor,
en justiçia delegado
por mi señor el enperador,

---

[6]   Antes, tacha la siguiente estrofa:

> *Sant Juan*
> El uno dize que biva
> porque no muera ventura,
> mas libertad la cativa,
> que después bive segura
> y si yo tengo tristura
> porque la causa mi fe
> dep

vistas las acusaciones   420
contra Ihesú de Nazaret,
e por legítimas informaçiones
que son hechas contra Él:
Éste se llamaba rey
con título de reinado,   425
ordenando la su ley
por que le acusan este pecado.
En casa de architeclino
do mucha gente comía,
fizo de el agua vino   430
con mal arte que sabía.
A María Magdalena
Aquéste la perdonó
estando a la çena
porque los sus pies lavó.   435
A Lázaro, su hermano,
de quatro días podrido
Aquéste lo resuçitó,
que todo el mundo lo vido.
A un çiego que no viera   440
a la ora que lo llamó,
con un poco de lodo que fiziera
la su vista le tornó.
A Simeón, que era plagado,
sanóle su gafedad;   445
resuçitó un moço qu'era finado
a la puerta de la cibdad.
En el tenplo este otro día
desonrró a los saçerdotes,
con muy grande osadía   450
lançólos fuera [a] açotes;
e otras muchas maldades
qu'este onbre tiene fecho.
Según qu'estas cosas
yo hallo segund derecho,   455
que lo condeno a la muerte,
muy desonrrado

e crüelmente penado,
e so protestaçión que hago,
si Ihesú culpa non oviere,   460
a mí non sea demandado
a doquier que yo estudiere.
E hallo, contra mi voluntad,
que Ihesú deve ser muerto
e su muerte sea tal   465
en una + [cruz] enclavado e puesto,
e luego sea llevado
al monte Calvar,
donde es acostunbrado
de los malos fechores matar.   470
E después d'allá llegado,
por su grande atrevimiento
que sea cruçificado
sin ningún detenimiento;
e sea enclavado   475
con dos clavos en las sus manos,
con otro a los pies entramos;
e qu'esté así enclavado
en la + [cruz] hasta que muera.
E después que sea pasado   480
d'esta vida umana,
porque así penado muera
e su mal hecho con Él,
e la gente así lo vea,
e sean castigados en Él,   485
por que otro no cometa
rey del pueblo se llamar;
ca por esta vía derecha
es devido de castigar.
E manden a vos don Çenturio,   490
como justiçia e onrrado,
que vayades con Él luego
a la + [cruz] cruçificallo,
e llevad dos pregoneros
por mi mandado secutado,   495

por que este pueblo parrero
non tenga que só de su vando;
e, dende, non vernedes
hasta que aya dado su spíritu,
porque a Çésar fe daredes   500
de la justiçia que avedes visto,
e llevadlo por esa çibdad
por las calles acostunbradas,
por que se publique su maldad
a las gentes que tenía engañadas.   505
Pues del enperador tengo liçençia
para hazer justicia,
ansí lo pronunçio por mi sentençia,
que muere por su maliçia.

[ESCENA VII]

[NUESTRA SEÑORA Y SAN JUAN]

Sant Juan a Nuestra Señora diga

Levantadvos dende, Señora,   510
e andad luego comigo,
que non sabedes vos agora
el mal que vos es venido.
El vuestro Hijo mucho amado
los judíos le prendieron   515
e anlo tanto atormentado
fasta en + [cruz] lo poner;
e llagáronlo atán fuerte
que non vos lo puedo contar,
e fasta le dar la muerte   520
allá en el monte Calvar.

Nuestra Señora a san Juan, rezado

Sobrino Juan, ¿qué cosa es ésta
que me vienes a dezir,

que la mi alma es dispuesta
para de mi carne salir?   525
Mas no sé si creería
que al mi Hijo tal hiziesen,
e ninguno non plasaría
que la tal muerte le diesen [7].

Sant Juan. La Madalena

¡Qué mal recabdo posistes   530
en vuestro Hijo, Señora!
¡O, qué gran crueldad, Señora!
Rastro claro ha[ll]arés,
por el qual mi alma llora,
que su sangre es guiadora   535
y por ella os g[u]iarés,
porque tanta le an sacado
los que oy le atormentaron,
que por doquier que ha pasado
todo el suelo está vañado   540
fasta donde lo pararon.

[ESCENA VIII]

[PLANCTO DE NUESTRA SEÑORA]

Nuestra Señora

¡Amigas, las que paristes,
ved mi cuita desigual;
las que maridos perdistes,
que amastes y quesistes,   545

---

[7]   A continuación tacha los versos siguientes:

> que usaba tanta bondad
> e tanto bien en su poder
> con los judíos, que matar
> non lo osarían fazer.

llorad comigo mi mal;
mirad si mi mal es fuerte,
mirad qué dicha la mía,
mirad qué captiva suerte,
que le están dando la muerte   550
a un Hijo que yo tenía!

Vos nunca a nadie enojastes,
Hijo, colupna del templo,
sienpre los buenos amastes,
sienpre, Hijo, predicastes,   555
doctrinas de gran exenplo;
sienpre, Hijo, fue hallada
en vuestra boca verdad,
¿por qu'es así tractada
vuestra carne delicada   560
con tan grande cruoeldad?

¡O, imajen a quien solíen
los ángeles adorar!
¡O, mi muerte, agora veen!
¡O, mi salud y mi bien!,   565
¿quién vos pudo tal parar?
¡O, qué tan bien me viniera;
o, qué tan bien yo librara
que d'este mundo saliera
antes que yo tal os viera,   570
porque nunca así os mirara!

¡O, Hijo, Rey de berdad!
¡O, gloriosa exçelençia!
¿Quál dañada voluntad
tubo tanta crueldad   575
contra tan grande paçiençia?
¡O, rostro abofeteado,
o, rostro tan ofendido,
o, rostro tan mesurado,
más para ser adorado   580
que para ser escopido!

¡O, sagrada hermosura,
que así se pudo perder!
¡O, dolorosa tristura!
¡O, madre tan sin ventura,   585
que tal as podido ver!
¡O, muerte, que no me entierra,
pues que d'ella tengo hanbre!
¡O, cuerpo lleno de guerra!
¡O, boca llena de tierra!   590
¡O, ojos llenos de sangre!

                    [Fragmento suelto]

¡O [8], Hijo mío!
¡O, mi dulçe amor!
¿Quál razón sufre
que vaes vos a morir   595
y quede yo biva?
¡Por Dios vos ruego, señores,
que me matés, por no biva
con tan grande dolor!

---

[8] Los versos que siguen en el manuscrito constituyen, en realidad, más que una continuación de los anteriores, otro fragmento que podría ser utilizado aparte. Torroja y Rivas los colocan aquí.

ANÓNIMO

[QUERELLA ENTRE EL VIEJO, EL AMOR Y LA HERMOSA]

INTRODUCCIÓN

En 1886 el estudioso italiano Alfonso Miola publicaba un diálogo en lengua castellana desconocido hasta aquel momento [1]. El hallazgo procedía de un manuscrito de la Biblioteca Nacional de Nápoles. Este «curioso documento», como lo llamó Menéndez Pelayo [2], aparecía con el título en latín: *Interlocutores senex et amor mulierque pulcra forma,* que apunta, con toda evidencia, a los personajes que intervienen y no al contenido de la obra. Con esta misma denominación lo reproduce Elisa Aragone en el Apéndice a su estudio sobre el *Diálogo entre el Amor y un viejo,* de Rodrigo de Cota [3]. Guiado por otras composiciones semejantes que aparecen en los Cancioneros de la época, Salvador Martínez [4] considera que la pieza pudiera haberse titulado *Interlocutores el Viejo, el Amor y la Hermosa,* que, probablemente, el copista tradujo al latín. Pienso, sin embargo, que, en el monólogo inicial del Viejo, los

---

[1] «Un testo drammatico spagnuolo del XV secolo», en *Miscellanea di filosofía e lingüística. In memoria di N. Caix e U. A. Cannello,* Firenze, 1886, págs. 175-189.

[2] *Antología de poetas líricos castellanos,* III, pág. 203.

[3] Rodrigo de Cota, *Diálogo entre el amor y un viejo,* Ed. de Elisa Aragone, Florencia, Le Monnier, 1961, págs. 115-125.

[4] *«El Viejo, el Amor y la Hermosa* y la aparición del tema del desengaño en el teatro castellano primitivo», *Revista Canadiense de Estudios Hispánicos,* IV (1980), págs. 311-328.

versos 21 y 22, «Es una esperança vana / do jamás falta *querella* / ...», pudieran alumbrar muy bien la denominación que propongo: *Querella entre el Viejo, el Amor y la Hermosa.*

Componen la pieza 69 coplas reales y un villancico final, con un total de 725 versos. Su contenido es tan similar al ya mencionado *Diálogo* de Cota que ha llevado a múltiples especulaciones. Miola no duda en declararla superior a éste: «... En comparación con este texto desconocido, qué inferior resulta el *Diálogo»;* y añade, refiriéndose al valor artístico: «... todo se queda vago y descolorido en el *Diálogo* cuando se le confronta con esta verdadera y perfecta poesía dramática» [5]. En cuanto a la cronología, Miola considera anterior el «anónimo» por su acercamiento al tipo de «contienda», que denunciaría «mayor sintonía con las antiguas formas» [6]. Años más tarde, Eugen Kohler [7] objeta respecto a este último punto que el diálogo anónimo presenta una estructura que se corresponde con el de la égloga dramática cuya aparición no puede adelantarse más allá del último tercio del siglo XV; y que, por otra parte, la larga disquisición del *Diálogo* del toledano ofrece un carácter más arcaizante que el rápido desenvolvimiento dialógico del anónimo. No se pronuncia, sin embargo, sobre la valoración artística. Sí lo hace Menéndez Pelayo cuando dice: «... que quizás es más dramática que la primera [el *Diálogo* de Cota], pero que no sólo calca servilmente sus pensamientos sino que los expresa con mucha menos gracia, viveza y naturalidad» [8]. Elisa Aragone, en su edición citada, va aún más lejos. Habla de un fuerte *«sabor de plagio,* no sólo en el esquema sino en un notable número de imágenes e, incluso, de

---

[5]   Art. cit., pág. 177.
[6]   *Ibídem.*
[7]   *Sieben spanische dramatische Eklogen,* Dresden, 1911.
[8]   *Antología,* III, pág. 203.

expresiones»[9]. Ni la inclusión de un tercer personaje —la Mulier— logra igualar, según ella, la intensidad tonal del *Diálogo* de Cota.

Sin entrar en confrontaciones valorativas, he seleccionado para esta Antología el diálogo anónimo por considerar que se acerca más a una posible representación. A pesar de su apariencia de «debate», se separa de éste en su estructura marcadamente teatral. Parte de dos situaciones concretas: el engaño del mundo y la incompatibilidad de la senectud con el amor, que conduce a la angustia y desazón. La primera encuentra amplio eco en la literatura castellana. El tema del «desprecio del mundo», aparte de su raíz senequista, tuvo sus primeras manifestaciones entre los comentaristas de la Biblia, especialmente en la interpretación del *Eclesiastés* y el *Libro de Job*. Inocencio III lo traslada a su *De contemptu mundi,* obra muy difundida en toda Europa en textos latinos y traducciones romances. Tampoco el tema de la vejez y el amor es nuevo en las letras castellanas. Ya el *Arcipreste de Talavera* resuelve el conflicto mordazmente: «... para moça moço gracioso, e que rebyente el viejo enojoso»[10]. No faltan precedentes inmediatos, y aún contemporáneos, que pudieron inspirar al anónimo autor en su intento de ridiculizar al viejo enamorado. El comendador Hernando de Ludueña en su *Doctrinal de gentileza* nos dice: «E amores de gentileza, / no neguemos la verdad, / huyen de la senectud, / porque toda su firmeza, / condición e calidad / son flores de juuentud...» Y de este axioma genérico pasa a la parodia: «Entrar vn viejo bordado, / estirado en la gran sala, / mas penado que a su guisa, / poniendo los pies de lado, / entiendo, si Dios me vala, / que será cosa de risa, / porque entrará desonesto; / sino, / preguntaldo al gesto, / e alas rugas e alos dientes, / y a

---

[9] Op. cit., págs. 110 y sigs.
[10] *Arcipreste de Talavera o Corbacho,* ed. cit., pág. 200.

dos mil inconuinientes / que se conciertan con esto»[11].
La burla que rezuman estos versos y que encuentra su
eco en los versos de la Hermosa de nuestro anónimo,
está servida.

Configuración dramática

Toda la pieza, divisible en cinco escenas, gira en
torno a una idea matriz: el cambio psicológico del Viejo. Se desarrolla sobre una estructura circular que se
cierra sobre sí misma. Podríamos configurarla así:

Escena I   Escena II
Monólogo del Viejo sobre   Diálogo entre el Viejo y el
Desengaño del Mundo   Amor que pide entrada
                        Escena III
            Ya en escena, el Amor convence al Viejo
              usando todos los tópicos del amor cortés
        Escena IV   Escena V
Diálogo entre el Viejo   Nuevo monólogo del Viejo
y la Hermosa   sobre el «desengaño»
                        Villancico

Las escenas I y II constituyen los prolegómenos que nos
conducen a la escena III, auténtico eje dramático de la
acción. En ella asistimos al tránsito desde la calma y
serenidad afectiva del Viejo, fruto de desengaños pasados, a la irrupción de la duda, marcada por el forcejeo
dialéctico con el Amor. La presencia de la Hermosa en
la escena IV —mero recurso teatral— desencadena el
drama y, en un giro sobre sí mismo, el Viejo, en la
escena VI, con las invectivas contra el Amor, enlaza de
nuevo con la escena I, ampliando el tema general del
desengaño.

---

[11]   *Cancionero castellano del siglo XV*, págs. 726-727.

Escenografía

Dos espacios bastarían para toda la representación. En el primero el Viejo permanece constantemente en escena. En el segundo, separado del anterior por una cortina que figura una puerta, se situarían el Amor y la Hermosa, que harían su entrada según los requerimientos del diálogo con el Viejo, para volver de nuevo a su espacio inicial una vez finalizado éste.

Pero el diálogo no lo es todo en la representación de esta pieza. En la escena III asistimos a la transformación del Viejo y ésta debería llevar aparejada un atrezzo adecuado. Nada impediría que en una mesa situada en un ángulo del primer espacio, una serie de elementos —peluca, dientes postizos, etc.— sirvieran para su rejuvenecimiento. Pero también podemos suponer que el gesto sustituyera la materia. La «farsa» que supone el «aderezo» del Viejo, con toda la mímica burlesca que se le quisiera echar —y sería mucha a exigencias del público—, enlazaría, de este modo, con el teatro profano de los *mimos* latinos. Porque, aún con toda su carga de didactismo, no hay duda de que nos encontramos ante una obra profana, cuya finalidad es la condena del amor en una época en que lo enseñoreaba todo. Nada mejor que los versos siguientes para reflejar esta finalidad y el carácter dramático de la pieza: «Huid de sus ciertos enojos, / apartaos de sus desdenes, / *pues delante vuestros ojos* / havéis visto los abrojos / que se cojen con sus bienes.»

INTERLOCUTORES SENEX ET AMOR MULIERQUE PULCRA FORMA *

[Querella entre el Viejo, el Amor y la Hermosa]

[ESCENA I]

[EL VIEJO]

¡O mundo, dime quién eres,
qu'es lo que puedes, qué vales,
con qué nos llevas do quieres,
siendo el fin de tus plazeres
principio de nuestros males!   5
¿Qu'es el cevo con qu'engañas
nuestra mudable afición,
que con engañosas mañas,
al tiempo que tú t'ensañas
dexas preso el coraçón?   10

¿Con qué nos buelves y tratas,
abaxas y favoreces?
¿Con qué nos sueltas y atas?
¿Con qué nos sanas y matas,
nos alegras y entristeces?   15

---

* Sigo la edición de Elisa Aragone, con ligeras modificaciones
de puntuación.

¿Qu'es el secreto ascondido
tras quien todos nos perdemos?
¿Qu[i] eres, mundo entristecido,
que haga ser con[o]cido
el bien que de ti atendemos?   20

Es una esperança vana
do jamás falta querella,
que quien la pierde, la gana,
y el que la tiene más sana
está en miedo de perdella.   25
Es un penoso cuidado,
una ravia lastimera,
deseo desesperado
en los huesos sepultado
y en la frente escrito fuera.   30

Do jamás no se consiente
un momento de reposo,
y si por caso se siente
quien de tu bien se contente,
queda al fin muy más quexoso;   35
que los que más alcançamos
de tus promesas livianas
es que, quando nos guardamos,
sin pensarlo nos hallamos
llenos de rugas y canas.   40

Estos son tus beneficios,
tus más crecidas mercedes
con que pagas los servicios
de los que a olor de tus vicios
van a caer en tus redes;   45
y después que con tus galas
has preso los que eran sueltos,
con ligero batir d'alas
como anguilla te resvalas,
y ellos se quedan rebueltos.   50

Yo hablo como quien sabe
todas tus faltas y sobras;
he visto lo qu'en ti cabe
y, si quieres que te alabe,
muda condición y obras;   55
que del bien tan prosperado
de que me heziste contento,
tus mudanças m'han dexado
solamente este cayado
con que mi vejez sustento.   60

[ESCENA II]

[EL VIEJO Y EL AMOR TRAS UNA PUERTA]

EL AMOR

¿Quién sta en casa?

EL VIEJO

¿Quién llama?

EL AMOR

¡Abre!

EL VIEJO

¿Quién eres?

EL AMOR

Amor.

EL VIEJO

¿Qué quieres?

EL AMOR

A tu vida y fama.

EL VIEJO

Va con Dios, que ya tu llama
no me causa más dolor.   65
¿No sabes que ha muchos años
que de ti me hallo lexo?
Porque tus dulces engaños
me han fecho no menos dañ[os]
qu'el mundo de quien me quexo.   70

EL AMOR

   Desplázeme tu porfía,
no consiento tal olvido,
que no cabe en cortesía
desfazer la conpañía
después qu'es el pan comido.   75
Y pues eres bien criado,
no sigas villanos modos.
Ábreme y, después d'entrado,
quexa el mal que t'he causado,
que justicia hay para todos.   80

EL VIEJO

   Con[o]zco tu condición;
sonme claras tus cautelas;
sé que contra tu pasión
la justicia y la razón
muchas vezes calan velas.   85
No m'engaña el sobreescrito,
no tu ciencia, no tu arte,
aunque, como los de Egito,
halagas el apetito
por hurtar por otra parte.   90

EL AMOR

Sinrazón usas comigo.
Trátasme como adversario,
y sabes bien que yo contigo
siempre usé cosas de amigo,
siendo en mi mano el contrario.   95
Ya tú llamaste a mi puerta
cuando estimavas mi gloria;
fuete sin tardar abierta,
bien lo sabes, si no es muerta
con los años la memoria.   100

¡No seas desgradeci[d]o!
¡Pon a tu saña algún freno!
Y si estás endurecido,
mira que de onbre sabido
es seguir consejo ajeno.   105

EL VIEJO

Quiero querer lo que quieres
por que des fin a tus quexos,
mas, después que dentro fueres,
porque conozco quién eres,
salúdame desde lexos.   110

Que como, tocando, Mida
convertía en oro luego,
así tu mano encendida
cuanto toca en esta vida
haze convertir en fuego.   115
Pues si a mí no has de llegar,
entra, si entrar te plaze,
y sey breve en el hablar,
porqu'el mucho dilatar
es cosa que me desplaze.   120

[ESCENA III]

[ENTRA EL AMOR EN ESCENA]

EL AMOR

Sálvete Dios, buen señor,
bivas de Néstor los años
sin saber qué sea dolor.
Publíquese tu loor
entre los pueblos straños.   125
Los daños de senetud
y su cansa[n]cio te huya.
Tórnete la joventud
con más perfeta virtud
que quando más era tuya.   130

EL VIEJO

Falsa cara d'alacrán,
cierto daño que atormenta,
ya sé bien cómo se dan
las zarazas en el pan
por qu'el gusto no las sienta.   135
Estas bendiciones tantas
no las quiero —¿claro hablo?—
porque con ellas encantas,
como quien con cosas santas
quiere invocar al diablo.   140

No te cale roncearme,
que soy viejo acuchillado,
que tú querrías remoçarme
para tornar a mancarme.
El camino traes errado,   145
porqu'[es] la pasión tan fiera
que causas, que quiero más
bevir en esta manera

que debaxo tu bandera
la mejor vida que das.   150

EL AMOR

Pues que me diste licencia
para entrar donde te veo,
con algo más de paciencia
te plaga prestarme audiencia
por que sepas mi deseo.   155
Soy venido a consolarte
por mostrarte mi afición,
no con ganas de enojarte,
ma[s] porque sentí quexarte
del mundo no sin razón.   160

Y agora, según parece,
sin justa causa movido,
tu furor se ensobervece
contra quien no lo merece
poniendo el mundo en olvido.   165
Quiero estar contigo a cuenta,
si te plazerá escucharme.

EL VIEJO

Desde allá haz que te sienta,
que tu aliento m'escalienta
tanto que temo abrusarme.   170

EL AMOR

Soy contento, pues te plaze.
Quiero en todo obedecerte,
pero, si no te desplaze,
dime qué causa te haze
ultrajarme de tal suerte.   175

EL VIEJO

¿Quieres que claro lo diga?

EL AMOR

Dilo sin ningún recelo.

EL VIEJO

No me muestres enemiga
por ningún mal que te diga,
mostrando tu desconsuelo.   180

EL AMOR

Stando quedas las manos,
poco temo de la lengua.

EL VIEJO

¡O cárcel de los humanos!
Ya muestras por dichos llanos
no stimar honra ni mengua.   185
Tú te abaxas, tú te enxalças,
tú te alteras y te mudas,
tú, con presunçiones altas,
piensas encobrir tus faltas
y déxaslas más desnudas.   190

Eres un fuego ascondido
que las entrañas abrasa;
eres tan entremetido
que sin ser más conocido,
te hazes señor de casa.   195
Eres sabroso venino,
ámago dulce y suave,

fiebre, frío de contino,
piloto que sin más tino
lleva do quiere la nave.

                                                        200

    Es tu pena tanto fuerte
que qualquier otra se olvida;
atormentas de tal suerte
que, siendo quien es la muerte,
la hazes tomar por vida.
Es tu reino una galea   205
do bive tan tristemente
quien más servirte desea,
que no hay onbre que lo crea,
sino el triste que lo siente.

                                                        210

    Allí son los coraçones
galeotes de por fuerça;
reman con las afiçiones,
hiéreslos con las pasiones
por poco qu'el remo tuerça.
Lo que desechan los ojos   215
es lo que la boca gusta.
Cuitas, mudanças, antojos,
sospiros, celos y enojos
son la xarcia d'esta fusta.

                                                        220

    No hablo como enemigo,
no con cautelas y artes;
de todo cuanto aquí digo
tu presencia es buen testigo.
Si se notan bien tus partes   225
siendo moço, pobre y ciego
¿qu'es lo que de ti se spera?
El bolar es tu sosiego;
llamas son de bivo fuego
lo que está en tu linjavera.

                                                        230

De los tuyos más de dos,
por colorar tu locura,
te pusieron nonbre dios,
mas lo cierto es qu'entre nos   235
eres mortal desventura;
que si fuesses quien te llamas,
dexarías de ser quien eres.
La leña para tus llamas
no serían vidas ni famas   240
de quien sigue tus plazeres.

Así qu'es la conclusión
que diré, aunque te enojes,
que, pues mata tu pasión,
o mudes la condición
o del nombre te despojes.   245

EL AMOR

Y ¿tan presto has acabado?

EL VIEJO

No hay acabo en tu tormento.

EL AMOR

¿Pues?

EL VIEJO
                    Déxolo de cansado.

EL AMOR

¡Después que m'has deshonrrado
te falta, viejo, el aliento!   250

   No pienses con tus furores
quitarme d'esta contienda,
mas lo que me da dolores
que entre tantos amadores
no hay uno que me defienda.   255
No hay quien responda: ¿a quién digo?
Todos abaxáis las cejas.
Sólo Dios me sea testigo
que a quien fuere más mi amigo
cer[r]aré más las orejas.   260

   Con lágrimas y gemidos
en vuestras necessidades
suplicáis ser socorridos,
mas ciérranse los oídos
para mis adversidades.   265

                    EL VIEJO

¿Quién ha de tornar por ti,
siendo tirano tan duro?

                    EL AMOR

¡A! ¿Quién? Quantos están aquí.

                    EL VIEJO

¿Y en ésos pones a mí?

                    EL AMOR

El primero.

                    EL VIEJO

                    ¡A! Yo lo dudo.   270

EL AMOR

No du[d]arás cuando vieres
los bienes que en mí s'encier[r]an.

EL VIEJO

¡Ha ha ha!

EL AMOR

      Oye, si quieres,
y verás que mis plazeres
vuestros pesares destie[r]ran.   275

EL VIEJO

Cata, que a mucho te obligas.

EL AMOR

¿Qué dirás, si lo hago cierto?

EL VIEJO

Que, por mucho que me digas,
son tus obras enemigas
de plazer y de concierto.   280

EL AMOR

   Aora escucha, por que veas
cómo bives engañado.

EL VIEJO

¿Engañado? ¡No lo creas!

EL AMOR

No me turbes, si deseas
ser d'ello certificado.
Comiença del alto polo   285
hasta el centro del infierno,
y verás cómo yo solo
a Jove, Pluto y Apolo
mando, rebuelvo y govierno.   290

   D'éstos, particularmente,
es mi enemiga contarte.
Bástete qu'el más potente
he fecho ser más obediente,
más por fuerça que por arte.   295
Las aves libres del cielo
a mi mando son sujetas;
los peces andan en celo
y sienten debaxo el yelo
las llamas de mis saetas.   300

A los animales torno
fieros, que con mi centella
de mansedumbre los orno;
es testigo el unicornio,
qu'él se humilla a la donzella.   305
Las plantas inanimadas
tampoco se me defienden;
con tal fuerça están ligadas,
que si no están aparejadas,
hay alguna[s] que no prenden.   310

   De los onbres y mujeres,
pues eres tú d'este cuento,
si confensarlo quisieres,
bien dirás que mis plazeres
sigue quien ha sentimiento.   315
Y tanbién por esperiencia

deves tener conocido,
que si alguno a mi potencia
quiere hazer resistencia,
aquél queda más vencido.   320

Los que están en religión
y los qu'en el mundo biven,
de qualquiera condición,
con deseo y afición
en mí esperan y a mí sirven.   325
Así que bien me conviene
este nonbre, dios de amor,
pues, si el mundo plazer tiene,
yo lo causo y de mí viene,
y sin mí todo es dolor.   330

Si no, dime sin pasiones,
—ya acabo, no te alborotes—
¿quién haze las invinciones,
las músicas y canciones,
los donaires y los motes,   335
las demandas y respuestas
y las sontuosas salas,
las personas bien dispuestas,
las justas y ricas fiestas,
las bordaduras y galas?   340

¿Quién los suaves olores,
los perfumes, los azeites?
Y ¿quién los dulces sabores,
las agradables colores,
los delicados afeites?   345
¿Quién las finas alconzilla[s]
y las aguas estiladas?
¿Quién las mudas y cerillas?
¿Quién encubre las manzillas
en los gestos asentadas?   350

Las fuerças de mis efetos
los defetos naturales
tornan en actos perfectos;
hazen de torpes, discretos,
y de avaros, liberales;   355
los covardes, esforçados,
los sobervios, muy umanos,
los glotones, temperado[s],
los inetos, provechados
y plazibles los tiranos.   360

En los viejos encogidos
resucito la virtud;
tornan limpios y polidos,
y en plazeres detenidos
les conservo la salud.   365
Causo provechos sin cuento,
que dezirlos sería afrenta.

EL VIEJO

Verdad es, mas el tormento
que traspasa el sentimiento,
¿no se escribe en esta cuenta?   370

Creo que havías olvidado
que hablas con quien t'entiende.
¿No sabes que yo he provado
qu'es azívar confitado
lo qu'en tu tienda se vende?   375
O no alcança mi saber,
o tú alabas gloria ajena,
pues en la tuya, a mi ver,
no hay momento de plazer
que no cueste más de pena.   380

EL AMOR

Nunca mucho costó poco
ni jamás lo bueno es caro.
Mira bien lo que te toco,
qu'es sentencia, y no de loco,
ser preciado lo qu'es raro.   385
Todas las cosas criadas
tienen esta condición:
que, fácilmente alcançadas,
fácilmente son dexadas
sin mirar más lo que son.   390

De la cosa más conpuesta
si el precio quieres saber,
verás conforme respuesta:
tanto vale quanto cuesta,
sea qualquiera su valer.   395
Pues, siendo qual es mi gloria,
por que no venga en olvido,
no es justo que haya memoria
el que consigue vitoria
del mal por ella çofrido.   400

¿Has visto los que conbaten?
Si veen ganancia al ojo,
no temen que los maltraten
y cor[r]en donde los maten
por codicia del despojo.   405
D'aquesta misma manera
es quien sigue mi querer,
porqu'el fin qu'en mí s'espera
es tan dulce, que quienquiera
ha el trabajo por plazer.   410

EL VIEJO

Puede ser que en tantos días
hayas mudado costunbre,
mas, quando tú me regías,
yo sé bien que ser solías
una amarga servidumbre.   415

EL AMOR

Hallarás gran diferencia
de lo d'estonces agora,
y verás por esperiencia,
de gratitud y clemencia,
mi condición se decora.   420

EL VIEJO

Pues si, como dizes, eres
y tus obras son tan fieles,
es[e] arco con que hieres,
dime para qué lo quieres.

EL AMOR

Sólo para los rebel[d]es.   425

EL VIEJO

Y a los que leales fueren,
¿qué galardones les dan?

EL AMOR

Queridos como querrán
serán, y mientra bivieren
no sabrán qué sea pesar.   430

EL VIEJO

En el prometer, sin rienda
he visto siempre tu lengua.

EL AMOR

¿Quieres d'esto alguna pren[da]?

EL VIEJO

Que al partir de la hazienda
no reciba daño y mengua.   435

EL AMOR

Yo sé bien lo que prometo,
y sé que podré gardarlo.

EL VIEJO

¡Mira que ande el juego neto!

EL AMOR

Si quieres ser mi sujeto,
començarás a provarlo.   440

EL VIEJO

Temo de tu sujeción
porque ya fui en un tiempo tuyo,
y sé quán contra razón
va la ley de tu pasión.
Mas ni por eso la huyo,   445
que aunque tu ley, enemiga
de sosiego y de alegría,

es tan natural y antigua
qu'es por fuerça que se siga,
si por as, si no, por tría.   450

EL AMOR

¿Luego ya quieres seguirme?

EL VIEJO

No sé si diga de sí.

EL AMOR

¿Qué temes?

EL VIEJO

Que no eres firme.

EL AMOR

¿Con qué quieres que confirme
la promesa que te di?   455

EL VIEJO

Con la obra.

EL AMOR

Só contento.
Déxame poner la mano
do tengo hazer asiento,
y veráste en un memento
derecho, fresco, loçano.   460

EL VIEJO

Dime primero en qué parte.

EL AMOR

Aquí, sobr'el coraçón.

EL VIEJO

He miedo. ¿O andas con arte?
Porque siempre oí loarte
por un famoso ladrón.   465
Y aún diré, si no t'ensañas,
que te conparan al rayo,
porque con sotiles mañas
nos arrancas las entrañas
sin horadarnos el sayo.   470

   Pues si me quieres tocar
para sin vida dexarme
so color de me sanar,
más me quiero enfermo star
que no acabar de matarme.   475

EL AMOR

Demasïadas porfías
usas en esta contienda.
Proprio es d'onbre de tus días,
y pues de mí no te fías,
busca quien menos te ofenda.   480

EL VIEJO

   ¡Cómo! Y ¿juzgas a locura
si el que espera acometer
sus bienes a la ventura,

con diligencia procura
lo que puede suceder?   485

EL AMOR

¡No más di! No es escusado,
y aún señal de onbre ingrato:
siendo ya certificado
del bien qu'está aparejado,
busca cinco pies al gato.   490

EL VIEJO

Ya t'entiendo, bien te veo;
mi dolencia es tu salud.
Satisfaz a tu deseo,
que hazer cunple, según creo,
de necesidat virtud.   495
Pon la mano do dexiste,
toma posesión entera
d'esta casa que elegiste.

EL AMOR

Dime agora, ¿qué sentiste?

EL VIEJO

Una llaga dulce y fiera,   500

   pena cierta incorregida,
un sabor que al gusto plaze
con que salud se olvida,
un morir que ha nonbre vida,
deseo que me desplaze.   505
El plazer que agora siento
veesle aquí luego de mano.

EL AMOR

¡Bive alegre! ¡Está contento!,
que si el principio es tormento,
medio y fin te será llano.   510

EL VIEJO

Ya te he hecho sacrificio
de mi antigua libertad;
mi deseo es tu servicio.
Cuanto al dar del beneficio,
cúnplase tu voluntat.   515

EL AMOR

Endreça tu persona,
conpón tu cabello y gesto,
tus vestiduras adorna,
que, aunque joventud no torna,
plaze el viejo bien dispuesto.   520

EL VIEJO

Ya qu'estoy atavïado,
dime qué quieres hazer.

EL AMOR

Quiero t'hazer namorado
y el más bienaventurado
que jamás pensaste ser.   525

EL VIEJO

Querría que me mirases
todo, todo en derredor,
y si hay mal, que le emendases.

EL AMOR

Si cincuenta años dexases,
no podrías estar mejor.   530

   Mas tal es mi propredat
que, doquiera que yo llego,
no hay respeto a autoridad,
a linaje, ni a edad;
por eso me pintan ciego.   535

EL VIEJO

Hora, pues, ¿quándo querrás
meterme en esta conquista?

EL AMOR

Buelve el ojo aquí detrás,
que soy cierto que verás
cosa jamás por ti vista.   540

   Mas no te mudes ni alteres,
qu'es cosa d'onbre indiscreto.

[EL VIEJO]

¡Dí pues!

[EL AMOR]

            Por servir la[s] mujeres
quando con ella fueres,
que te acete por sujeto.   545

EL VIEJO

Y tú, ¿no estarás comigo?

EL AMOR

No.

EL VIEJO

¿Por qué?

EL AMOR

Porque yo quiero
que tengas solo contigo
el secreto, buen testigo
del amor qu'es verdadero.   550

Mas aquí, tras esta puerta
estaré donde te sienta
con oreja bien dispuesta.
Tú, después d'hecha tu oferta,
con ser suyo te contenta.   555
¡Oye, oye, antes que vayas!
Por evitar desconcierto
cata que, por mal que hayas,
nunca muestres que desmayas
de ser suyo, bivo y muerto.   560

[ESCENA IV]

[ENTRA LA HERMOSA EN ESCENA]

[EL VIEJO a LA HERMOSA]

¡O divinal hermosura,
ante quien el mundo es feo,
imagen cuya pintura
pintó Dios a su figura,
yo te veo y no lo creo!   565
Tales dos contrarios siento
en contenplar tu ecelencia,
qu'entre plazer y tormento,
detenido el sentimiento,
no conozco tu presencia.   570

Descanso de mi memoria,
de mi cuidado consuelo,
de mis plazeres historia,
causa de toda mi gloria.
Señora de mí, en el suelo 575
suplícote, pues, mi suerte.
Por hazer mi pena cierta,
puso en ti mi vida y muerte,
que tu virtud desconcierta
lo qu'en mí más se concierta 580

Consienta tu merecer,
no por ruego conpelida,
mas por sólo tu valer,
que te sirva mi querer
mientra durare esta vida. 585
Y si me culpas porque
en pedir merced excedo,
razón tienes, bien lo sé,
mas tu virtud y mi fe
me ponen nuevo denuedo. 590

[LA HERMOSA]

¡O años mal enpleados!
¡O vegez mal conocida!
¡O pensamientos dañados!
¡O deseos mal hallados!
¡O verguença bien perdida! 595
Vivo en seso, viejo en días,
que t'espera el cementerio;
déxate d'estas porfías,
pues con más razón debrías
meterte en un monesterio. 600

¡Mira, mira tu cabeça,
pues, un recuesto nevado!
Mírate pieça por pieça,
y si el juzgar no entropieça,

hallarte has embalsamado.   605
¿No vees la frente ar[r]ugada
y los ojos a la sonbra?
¿La mexilla descarnada,
la nariz luenga, afilada,
y la boca que me asonbra?   610

   Y esos dientes car[c]omidos
que ya no puedes moverlos,
con los labrios bien fronzidos
y los onbros tan salidos,
¿a quién no espanta en verlos?   615
Y este caduco cimiento,
do fuerça ninguna mora,
¿no te trae al pensamiento
que devieras ser contento
çon tener de vida un ora?   620

   ¡O viejo desconcertado!
¿No ves qu'es cosa escusada
presumir de enamorado,
pues quando estás más penado
te viene el dolor de hijada?   625
Torna, torna en tu sentido,
que canças ya de vïejo,
y este mal sobrevenido
podrás poner en olvido
siguiendo mejor consejo.   630

EL VIEJO

   Pues que tu beldad me daña,
tu piedat, señora, invoco.
¡Cese contra mí tu saña,
no te muestres tan estraña!

LA HERMOSA

¡Tírate allá, viejo loco!   635

EL VIEJO

¡A! ¿No sabes que soy tuyo?

LA HERMOSA

Mío no, mas de la tierra.

EL VIEJO

Tuyo, digo, y no te huyo.

LA HERMOSA

Presto verás qu'eres suyo,
si mi juïzio no yerra.   640

   ¡No toques, viejo, mis paños!
¡Déxame, qu'estoy nojada!
Que si estovieses mil años
quexando siempre tus daños,
nunca me verías mudada.   645

[ESCENA V]

[EL VIEJO, solo de nuevo]

Yo tengo mi merecido,
y es en mí bien empleado,
pues, estando ya guarido,
quise tornar al ruïdo
do m'havían descalabrado.   650

   Este es pago verdadero
que suelen haver los tristes,
sometido[s] [a] aquel fiero,
crudo, falso, lisonjero,

ciego y pobre que aquí vistes.   655
Aquel que, por engarñarme,
usó tan diverso[s] modos
que, si[n] poder remediarme,
fue forçado sojuzgarme
como havéis visto aquí todos.   660

   Cuyas promesas juradas,
causa de mi perdimiento,
muy más presto son mudad[as]
que las hojas meneadas
quando corre rez[i]o viento.   665
Bien estava en mi sentir
qua[n]do no quería abrir,
au[n]que viejo, porfiado;
mas, ¿quién puede resistir
al furor de aquel malvado   670

   que, conpuesto en falso afeite,
no entra sin embaraço?
Y así cunde su deleite
que, como mancha de azeite,
no sale sin el pedaço.   675
Y pues vedes cómo abrasa,
huid de su conpañía,
que, una vez entra en casa,
no se amortigua su brasa
hasta dexalla vazía.   680

   Huid de sus ciertos enojos,
apartaos de sus desdenes,
pues delante vuestros ojos
havéis visto los abrojos
que se cojen con sus bienes.   685
Castigá en cabeça ajena,

pues mi tormento os amuestra
a salir d'esta cadena,
y si n'os duele mi pena,
esperá y veréis la vuestra.

690

Villancico

Quien de amor más se confía
menos tenga d'esperança,
pues su fe toda es mudança.

No deven ser estimadas
sus promesas infinitas,
que en el agua son escritas

695

y con el viento selladas.
Fácilmente son tratadas
y el bivir queda en balança.

Es su gloria más entera

700

engañar nuestro apetito
y, so falso sobrescrito,
ponen pena verdadera,
porqu'e[s] necessario muera
quien de su fe más alcança.

705

Su engañosa condición
en ausencia da denuedo,
y en presencia pone miedo
por que cresca la pasión.
Su más cierto galardón

710

es perder la confiança.

Muy mayor es el cuidado
qu'el plazer que da su gloria,
pues descansa la memoria
quando piensa en el pasado,

715

como quien de mar turbado
se siente puesto en balança.

Pues vemo[s] cómo ofende
su gloria cuando es más llena,
huyamos d'esta serena   720
que con el canto nos prende;
cuyo engaño, si se enciende,
poco a poco ha tal pujança
que nos trae en malandança,
pues su fe toda es mudança.   725

FRANCESC MONER

MOMERÍA

MOMERÍA *

[Eij=v] Momería consertada de seys. Yvan dentro de
un sisne vestidos con tubones de razo negro y mantos
de lluto, forrados de terciopelo negro cortos y hendidos
al lado drexo, y todo lo ál negro; sombraretes franceses
y penas negras y ell cabello hexo negro; los gestos
cubiertos de velos negros. Traýa el sisne en el pico las
siguientes coblas dressadas a las damas.

Y leýdas, abierto el sisne por el medio, salíen los
momos con un contrapas nuevo, cada qual con su letra,
y todos sobre las penas, con sus achas tanbién negras.

> Señoras, por cuyos nombres
> cada qual d'estos por fe
> perdería cyent mil vidas,
> embiáys plañyr los hombres
> sin causa quitto por qué,
> soys todas desgradescidas;
> en la soledad do moro
> con vida triste que sigo,
> enmudescido, cetrino,
> sentí'l dolor de su lloro
> y quise serles abrigo,
> endressa de su camino.

---

* Sigo el texto de Francesc Moner, *Obras nuevamente imprimi-
das,* Barcelona, Carlos Amorós, 1528, s. f.

Tráygoles, como vedes,
por falta de beneficio
en conforme compañýa
vuestras mercedes, mercedes;
ellos que aviven servicios,
y yo que sirvo de guía
que, según el mal es grave,
y cierta es la perdicyón,
si no mesuram cruesas,
yo lastimo, que soy ave,
quedando ço la rasón
todas vuestras gentilesas.

Qu'el mal, que tan mal nos trata,
que no los consiente quexa,
ni ablar do busquen tempre,
cruel será si les mata;
mas mucho más si les dexa
la vida que dura siempre,
cuyos males van scritos
con letras de negra suerte
quales son en padescellos;
su[s] querellas son los gritos
que yo doy quando la muerte
me requiere como a ellos.

Son las propiedade[s] del signe que guía, y en los
amores muchos le han loado en tal sentimiento; después
es muy callado, mui mal ensañoso, cetrino, y nunca
apenas grita asta que prenustica su muerte por stinto
natural; y stonses bosea y grita fasta que muere como
en las palabras y caso ya se dize.

Los motes ho letras fueron éstas que se siguen sobre
las penas:

No me da pena la pena,
mas pensar quien me condena.

La mía por ser pública
ya s'estima,
mas lo secreto lastima.
Es mi pena tan crescida
tan grave, biva y fuerte
que su vida me da muerte.

Entre las penas, la pena
que más me pena y aquexa,
es porque bivir me dexa.

Que si d'ella se struyera,
aun porque ella muriera,
no me diera.

Si del bien de su servicio
mi vida no se templara,
con [é]stas me ygualara.

FRANCISCO DE MADRID

ÉGLOGA

INTRODUCCIÓN

Ya he explicado en la «Introducción General», a propósito de la *Farsa de Ávila*, la naturaleza y tradición del teatro político. Una muestra clara del mismo representa en las postrimerías del siglo XV la *Égloga* de Francisco de Madrid. Hermano de Alonso Fernández de Madrid, contador mayor del rey, Francisco fue secretario de don Juan II y, más tarde, de los Reyes Católicos. Cuando Carlos VIII de Francia, en su política de expansionismo, llega hasta Roma (1495) y amenaza el reino de Nápoles, Fernando el Católico, a pesar de los pactos que le ligan al francés, se ve obligado a intervenir. La *Égloga* de su secretario fue sin duda escrita para justificar la posición política del monarca español.

Mencionada por Pedro José Pidal a mediados del siglo XIX, permaneció inédita hasta que el benemérito Joseph E. Gillet la publicó en 1943 [1]. La rúbrica inicial del manuscrito resume perfectamente la estructura y contenido al tiempo que sugiere la función:

> «Egloga hecha... en la cual se introducen tres pastores. Uno llamado Evandro que publica e introduce la Paz. Otro llamado Peligro que representa la persona del Rey de Francia Carlos [VIII] que quiere perturbar la paz que Evandro publica. Otro llamado Fortunado

---

[1] «Égloga hecha por Francisco de Madrid (1495?)», *Hispanic Review*, XI (1943), págs. 275-303.

cuya persona representa el Rey D. Fernando [el Ca-
tólico] que también quiere romper la guerra con el Rey
de Francia llamado Peligro y razonan muchas cosas. Y
en fin de la obra va una canción.»

Gillet, que calcula que fue escrita en la primavera o
verano de 1495, conjetura una probable representación
en la Corte de España y precisamente en Madrid, en el
mes de mayo, como acto de propaganda, sobre todo de
cara a los representantes de las naciones extranjeras.

Una vez más se aprovecha la imagen alegórica de los
pastores: el buen pastor, el que amenaza a los rebaños,
etcétera. Los caracteres son monolíticos: el papa Alejandro VI, modelo de pastores; el francés, como su
propio nombre indica, un peligro para la paz; Fortuna-
do-Fernando, la prudencia personificada. Contribuye a
reforzar el sabor medievalizante la métrica de arte mayor. La acción es, como en todo el teatro cortesano de
la época, mínima: son las referencias verbales de los
actores las que suplen la mayor parte de la contextua-
lización del diálogo directo en el que se desarrollan las
razones del rey católico.

Al final se exhorta a los presentes a rezar por la paz:
«Y todos nosotros, con las manos juntas, / rodullas por
suelo, digamos amén. / Vosotros, cantando, rogadle
también / que sean las respuestas como las preguntas.»
Entra entonces la música con la canción final.

FRANCISCO DE MADRID *

Égloga hecha por Francisco de Madrid en la cual/se introducen tres pastores. Uno llamado Evandro/que publica e introduce la Paz, otro llamado Pe-/ligro que representa la persona del Rey de/Francia Carlos [VIII] que quiere perturbar la/paz que Evandro publica. Otro llamado Fortunado/cuya persona representa al Rey D. Fernando [el Católico]/que también quiere romper la guerra con/el Rey de Francia llamado Peligro y razonan mu-/chas cosas: y en fin de la obra va una canción./

[ESCENA I]

EVANDRO

¡O tiempo süave, dulze y sereno,
que a fiestas convidas las humanas mientes!
¡O paz sosegada!, ¡O ricos bivientes
que alegres gozamos de siglo tan bueno!
¡O Príncipes grandes!, de vuestros estados   5
gustad ora el fructo biviendo sin saña.
¡O pobres pastores!, en vuestra cabaña
contentos estad con vuestros ganados.

---

* Sigo el texto fijado por Gillet, con algunas variantes gráficas y de puntuación. Aprovecho, igualmente, sus notas históricas.

Dexad los cayados, las hondas y perros;
conprad chirubelas, gaitas, caramillos;   10
seguros paced sin mas omecillo,
de noche y de día por valles y cerros.
Ni olio, ni miera tengáis en el cuerno
que a vuestro ganado tizne de la roña;
ni modorría temáis, ni ponçoña,   15
ni seca en verano ni nieve en ivierno.

Vulpejas, ni lovos, ni vestias hanbrientas
harán alboroto jamás en los atos,
ni rayos, ni ramas, ni otros baratos
turbar vuestro sueño podrá[n] con afrentas.   20
Sin otro recelo sobad vuestras puchas
y dad zapateta a mano estopida;
quien más pudïere más tenga servida
la su querenciosa, con fiestas y luchas.

Haced requesones, manteca y quajada   25
que vuestras ovejas, dos vezes al año,
traerán los corderos y siempre sin daños
a casa de leche vernán retesadas;
jubón colorado, calça arrodillada
y otros repiquetes, hazed qu'es razón;   30
y todos roguemos con gran devoçión
la paz que tenemos no nos sea turbada.

[ESCENA II]

PELIGRO hablando consigo mismo dice

Quién se me puede agora igualar
seyendo de ovejas y hato tan rico,
que, aunque me veis de cuerpo tan chico,   35

yo mando la tierra y mando la mar.
Muger tengo moça, hermosa sin par
y savia en el quento de millar çenteno;
pues qu'esto es así, yo quiero saltar
y quiero, también, tomar de lo ageno.   40

¿Qué me aprovechan creçidos revaños;
de bacas, pastores, ser muy abundado,
si siempre he de ser señor de un ganado
y no conocido de pueblos extraños?
Abúrrelo todo, Peligro, si quieres   45
porque de tu nombre quede la memoria,
que no faltará quien ponga en historia
tus hechos notables si algunos hizieres.

¿No sabes, Peligro, si bien las ahondas,
que, entre los tarros, colodras, y encellas,   50
tïenes pastores que saben de estrellas
y otros que pueden usar bien las hondas?
Despoja, despoja la gran medrosía,
que tienes metida dentro en el pancho,
y pues tienes hato tan rico y tan ancho,   55
sávele dar mayor compañía.

Qu'en nada semejas aquellos pastores
de donde tú bienes, ni traes sus pisadas,
que no lo heredavan, mas siempre a puñadas
ganavan lo ageno poniendo temores.   60
Estáte, Peligro, soplando las manos,
mudando cada hora garrida moçuela,
hinchando la pança hasta tente suela,
que así tornarán tus hechos enanos.

Pues erguir conviene, los ojos abriendo,   65
poner en camino el trato y los perros;
a Dios y a ventura traspasar los cerros,
qu'el bien de fortuna no viene durmiendo.

[ESCENA III]

[EVANDRO y PELIGRO]

EVANDRO

He aquí do viene Derrama Solaces,
por que non dure la paz que publico.   70
¡Mal haya fortuna que te hizo tan rico,
pues tan poco bien y tanto mal hazes!

    Paz sea contigo, Peligro, y si quieres
tocarme la mano, que bien me conoçes.
Espera, ¿do huyes?, y no te alvoroces;   75
no pienses que bine a estorvar tus placeres.

PELIGRO

Oyes Evandro, no gastes razones;
si no me has oído, agora me escucha:
save que voy a buscar otra lucha
de la que se usa entre mis garçones.   80

EVANDRO

    Revuelve, revuelve acá la cabeça
y dime a do quieres partir tan aína.

PELIGRO

Allá como ha nombre creo Cisalpina,
y aún más adelante, si Dios m'endereça.

EVANDRO

¿Yrás quizás a bodas?

PELIGRO

               ¿A bodas o qué?,   85
a mortuorio será lo más cierto.

EVANDRO

Perdido has todo tu concierto.

PELIGRO

Mas antes, Evandro; agora lo hallé.

EVANDRO

¿Querrás por ventura turbar el sosiego
que el mundo ha esperado con tanto deseo?   90

PELIGRO

A la fe quiero porque claro veo
que no sale humo do no ençienden fuego.

EVANDRO

¿Y cómo, Peligro, sin más consultallo
con tus bienquerientes te vas de camino?

PELIGRO

¿No saves Evandro? Mandado divino   95
gran bien me promete(s) si yo sé buscallo.

EVANDRO

Ensueños quiçá, no les des creençia
que han por costumbre tomar al revés;
dote la fée, si tú no me crees,
después te lo haga creer la speriençia.   100

PELIGRO

No me detengas con luengas consejas,
que quanto dixeres es tiempo perdido;
qu'en esto poquillo que me has detenido,
oviera ganado diez pares de ovejas.

EVANDRO

¿Luego te piensas hallarlas en cavas   105
y entrar a tomallas sin otra defensa?

PELIGRO

A la fe pienso, y tú así lo piensa,
que no tienen perros que balgan tres havas.

EVANDRO

Que no los conozças, Peligro, he recelo,
pues otros tan fuertes de tu generacio   110
fueron do vas, mas en poco spacio
tales bolvieron que aún hoy les he duelo.

PELIGRO

Pasado es el tiempo que perros valientes
guardavan los hatos con que me das miedo;
perdido han agora todo su denuedo,   115
y estánse tendidos lamiendo los dientes.

EVANDRO

Señal es que deven aver almorzado,
de do te aconsejo huir tal contienda,
porque no puedan hazer la merienda
con pérdida tuya y de tu ganado.   120

Y más porque veas que te desengaño,
save que luego, al entrar del camino,
davas en los perros de aquel serpentino
donde es forçado recivas gran daño.

V. 124   Probablemente se refiere al duque de Milán, Ludovico
Sforza, conocido con el sobrenombre de «El Moro» (1479-1500).

PELIGRO

No cures, Evandro, que yo tengo tratos   125
con sierpes. . . . .
que a res de mi hato jamás harán tuerto
y son de consu[n]o entrambos los hatos.

EVANDRO

Repugna, Peligro, la tal condición
de hazer amistad la calva y cuchillo;   130
mil vezes te he visto llamarte Carrillo
de muchos y, al fin, seguir tu opinión.
Ya no eres creído ni en burlas ni en veras;
por ende, no creas que abrás desconsuelo
que burlas a todos bien como moçuelo   135
y ban conociendo tus artes mañeras.

PELIGRO

Déjate d'esso, que tengo las mientes
huertes y firmes en esto que digo,
que quien me da empacho será mi enemigo.

EVANDRO

Pues no pasa mucho que tú te arrepientes;   140
cata, Peligro, que deves membrarte
de la nuestra burra que con tanto afán
nos trae de contino el vino y el pan.
Si tú la fatigas habrá de dejarte.

V. 143   Hernando del Pulgar explica así el término *burra* en las
Coplas de *Mingo Revulgo:* «La Iglesia de Dios, que es comparada a
la burra del hato, que está cargada ó lieva las cargas del pueblo, con
los perros mastines que son los sacerdotes y clérigos de origen sacro
y perlados y guardadores della.» (Véase Menéndez Pelayo, *Antología,* IV, pág. 410, nota 3.) El hecho de que sea empleado con tal
naturalidad indica hasta qué punto el auditorio estaba familiarizado
con la tópica pastoril alegórica.

Y el padre de todos qu'en cargo la tiene,   145
Pastor de pastores a quien tanto deves,
que siempre tus cargas ha hecho muy leves,
renombre te dando de que honra te viene;
y siempre te ha dado con mano muy llena
gran abundancia de lana y corderos,   150
zurrón y cayado con otros aperos.
Ingrato pareces y aún digno de pena.

PELIGRO

Daré por tus miedos, Evandro, perdona,
esta castañeta, que mil otros viejos
cuidaron tenerme con tales consejos;   155
mas hágome befa de quien lo raçona.

EVANDRO

Mal hazes, Peligro; tú das ocasión
que el mar y la tierra y el cielo te aburra,
que metes tu hato do pace la burra;
verás que no sale sin su perdición.   160

PELIGRO

Ganado o perdido allá quiero entrar;
viva quien pudiere, el otro que muera.
Henchir é el zurron y sea do quiera
que yo no me pago d'estar a mirar.

EVANDRO

Espera y no seas tan presuntuoso.   165

V. 146   Se refiere al papa Alejandro VI (Rodrigo Borgia).

PELIGRO

Y agora de nuevo recreçe que digas.

EVANDRO

De nuevo te ruego, Peligro, no sigas
tu pensamïento que es muy dañoso;

   que puesto, por caso, que pase tu hato
por este vedado, lo qual yo no creo,   170
los fieros Mastines del Partenopeo
te harán de la vida hazer buen varato.

PELIGRO

A lobos espantan los muchos ladridos;
mis perros se han visto en grandes quistiones
contra águilas fieras y bravos leones.   175

EVANDRO

Dexo en el tintero que fueron vencidos.

   Los perros, Peligro, de aqueste pastor
de una lechegada son todos a una;
nunca supieron temer cosa alguna,
mas antes a otros poner en temor.   180
Gallardos, loçanos, ardidos y prestos,
en toda razón derechos expertos.
¡O, quántos de lobos por estos son muertos!
Triste tu hato si topa con estos.

   V. 172   Mastines del Partenopeo. Escudo de armas del reino de
Nápoles.
   V. 176   Se refiere a las águilas del escudo imperial y a los leones
que campean en el de Castilla.

PELIGRO

A otas, que creo no me has entendido;   185
no veo la hora que me hayas dexado
por ir a buscallo.

EVANDRO

                    Dolor de costado
te acuda, pues tanto estás enbevido.

PELIGRO

Dime si cuïdas tan presto acavar
qu'el alma me aburre con tanto consejo.   190

EVANDRO

Calla y no crezcas, ni llegues a viejo,
que aún queda el ravo por desollar.

PELIGRO

Si los muchos años que tienes a cuestas
no me empachasen y barva tan luenga,
yo te haría templar esa lengua   195
que mucho me enojas con tales respuestas.

EVANDRO

El padre, Peligro, que a su hijo castiga
no dexa por eso de serle piadoso;
tanto deseo tu paz y reposo
que injurias te digo porque ál no suceda.   200

PELIGRO

Mas antes semejas que has raleado
por estorvar mis buenas venturas.

EVANDRO

Estorvo tus daños, mas tú no te curas
que está tu deseo en mal obstinado.
Los grandes aferes, si bien has notado   205
consigo traen juntos muy grandes cuidados;
cuidados, afanes, y, enpués de hallados,
sin ellos querrías haverte hallado.

    Así que es mejor, y aquí te resuelve
guardar tu cavaña, que no es poco buena,   210
que desamparalla por ir a la agena,
qu'el mundo en un hora mil vezes se buelve.

PELIGRO

D'eso no he miedo; yo dexo recado
mejor que conviene a todo mi apero:
la savia zagala que dixe primero   215
y a mi Carillo, el pastor Fortunado.

EVANDRO

    A osadas, a osadas, quanto que agora
guardado lo dexas, según que comprendo.
¿A ella encomiendas que guarde tu atuendo
que a sí no sabrá guardar sola un hora?   220

PELIGRO

¡O Dios, que te duela! No la has conocido;
más vale en el hato que siete zagales.
Si visto la hovieses, sin otras señales,
allá en Salamanca dirás que ha aprendido.

V. 217   Su joven esposa.
V. 218   Fernando el Católico.

EVANDRO

En buen cobro dejas al triste rebaño.   225
Vate, no cures y ándate a hitos,
que no pasa mucho que oyes los gritos
de cabras y ovejas que resciben daño.

PELIGRO

D'eso no he miedo ni me despelucio,
qu'el Fortunado con todas sus manos   230
le ha de guardar que ya somos hermanos.

EVANDRO

Aún ese hato yo no te ahuzio.

Tú quieres, Peligro, qu'él guarde lo tuyo,
y tú, sin pedille consejo o licencia,
pones tus mientes, poder y hemencia   235
en ir a pacer lo qu'es casi suyo.

PELIGRO

No tiene allí nada, que muchos se acuerdan
de los de mi gesta que lo poseyeron.

EVANDRO

Pues dime, Peligro, ¿cómo lo perdieron?

V. 233   En su pretensión al reino de Nápoles, Carlos VIII había
comprado la neutralidad del Rey Católico (Tratado de Barcelona,
1493), devolviéndole el Rosellón y la Cerdaña.
V. 238   El dominio español en Nápoles se inicia con Alfonso V
de Aragón, quien, una vez en su poder Sicilia, toma Nápoles, tras
vencer a Renato de Anjou (hermano y sucesor de Luis III). De ahí que
Carlos VIII, de la casa de Anjou, considerara legítima su aspiración
al reino. Ello explica los versos siguientes: «... que muchos se acuerdan / de los de mi gesta que lo poseyeron».

PELIGRO

Como yo quiero que aquestos lo pierdan.   240

EVANDRO

Mal hazes, Peligro, debías, priado,
con Fortunado ir [a]consejarte,
que dudo no quiera en algo evitarte
viendo que paces en su dehesado.

PELIGRO

Nunca yo medre si ya no desparto   245
tanto aquello otro que el tiempo se pierde.

EVANDRO

Escúchame acá, y haz que te se acuerde,
que havrás poco bien y havrás daño harto.

   Y esta razón, en fin, tú me escucha:
que tien Fortunado la buena ventura   250
contra la cual fue siempre locura
venir a igualarse ninguno de lucha.

PELIGRO

De buena ventura no he miedo ninguno,
que siempre le plugo de mi gasajado.

EVANDRO

¿Y tú no ves, necio, que el Fortunado   255
y buena ventura son todos uno?

V. 246 La rama aragonesa de Nápoles se salvó gracias a la intervención de Fernando el Católico, prestó ayuda a Fernando I, hijo
bastardo de Alfonso V, en su lucha contra la nobleza insurrecta ante
su nombramiento.

PELIGRO

Uno se sean; de aquí me destino
que quiero llevar al fin mi deseo.

EVANDRO

Perderte as, Peligro, según ora veo.

PELIGRO

Quizá que ganarme.

EVANDRO

                    No llevas camino;   260
que puesto que halles abierta la entrada,
no pienses por eso que estás ya en el cabo.
Si libre salieres, entonces te alabo,
mas dudo que acabes aquesta jornada.

PELIGRO

Porque las cosas comienço requieren,   265
a Dios te encomiendo y dame liçencia.

EVANDRO

Tú te la toma, mas presta paçiençia
si de otra manera que piensas, salieren.

*Aquí se despide PELIGRO de EVANDRO
y éste habla a los Pastores*

[ESCENA IV]

EVANDRO

¡O pobres pastores!, bolved la pelleja
que ya se comiença el tiempo a mudar;   270
el çierço rebuelve que no ha de dejar
oveja, ni cabra, ni cera en la oreja.
Huid de los campos, veníos a poblado,
de hondos garranchos hazed aparejo;
estad hoy alerta y creed mi consejo   275
que no haréis poco si os dais buen recado.

Peligro amenaza a vuestras dehesas;
sabeos reparar, qu'es muy atrevido,
pues otros Peligros habéis conocido
a quien estorvastes las mesmas empresas.   280
Al gran Pantheón tened por amigo
qu'en fuerza y saver os podrá ayudar;
devéis, ansí mismo, arrimo tomar
con el Fortunado y habréis buen abrigo.

[ESCENA V]

Aquí entra el pastor FORTUNADO
hablando a los pastores y dize

FORTUNADO

Del fuerte cordojo me viene accidente   285
de no sé qué nuevas que allá me han contado.

EVANDRO

¿Qué nuevas son éstas, pastor Fortunado?

___
V. 284   El Papa.

FORTUNADO

Bien seas hallado, Evandro pariente,
si tú no las sabes de aquí me despido
de más ir buscando, que deve ser viento.   290

EVANDRO

Di lo que buscas, que hazerte he contento,
si es cosa que haya jamás yo sabido.

FORTUNADO

  ¿No sabes, Evandro?; un gran desconcierto
oí de Peligro habrá pocos días,
que piensa en el mundo hazer demasías.   295
Yo no lo he creído, tú sabes lo cierto.

EVANDRO

Descansa, descansa, y está bien atento,
que a punto comprenda tus sabias razones.
¡Aína llegáramos a los cavezones
por desviarle de su mal talento!   300

FORTUNADO

  Ha hablado contigo según me parece.

EVANDRO

Tú dices lo vero.

FORTUNADO

                        Pues, ¿qu'es su opinión?

EVANDRO

Meter todo el mundo a su subjeción.

FORTUNADO

Pequeño es el mundo si a él obedece;
mas dime: ¿qué causas alega?, ¿por qué   305
su hato ha movido con tan presta furia?
¿Injuria de otros o su propia injuria?

EVANDRO

Ni él me las dijo, ni yo me las sé;

mas sé qu'es partido con prisa tamaña,
que apenas me dixo: a Dios te encomiendo.   310
Un rato estuvimos aquí contendiendo,
mas no fue posible vencello por maña:
con sierpes le puse temor y con lobos,
y con la burra, que es lo principal,
con tu cavillanza, mas no hizo caudal.   315

FORTUNADO

Evandro, la pena asesa los bovos;

mas, ¿saves qué ha hecho después que partió?

EVANDRO

Si tú me lo dices, sabrélo de grado.

FORTUNADO

De ti me pensava ser certificado,
y hallo que saves muy menos que yo.   320
Con pocos pastores y muy menos perros,
usando sus artes que presto se roçen,
mostrando fiereza do no le conoscen,
pasado ha Peligro los valles y cerros.

V. 328   Cfr. nota al v. 143.

A unos repela la lana y pellejo,   325
a otros otorga lo que otros pelaron;
so nombre de paz entró do aprestaron
los sucesores del buen pastor viejo.
Y calli-callando el mugigatillo,
a unos alhagos y a otros temores   330
mostrando, quería alzarse a mayores
si no hu[b]iera dentro quien contradecillo.

Ya saves, la burra, que tanto lo ha amado,
en quien del cansancio todos reposamos,
aína la hiziera ser de dos amos.   335

EVANDRO

¡O, ravia le mate al pastor revellado!

FORTUNADO

Mas la prudencia del gran Panteón,
que siglos de siglos será memorada,
consigo la tuvo tanto abraçada
que no pudo en ella meter división.   340

Y desque vio el agua qu'entrava en su barca,
en una cavaña muy fuerte que havía
a sí y a la burra y a su compañía
metió como hizieron en tiempo del arca;
y allí la sostuvo bien zerca de un mes,   345
usando saber y seso tan grato
hasta que uvo Peligro y su hato
por bien de venir delante sus pies.

Jamás un pastor de tal ardimiento,
constancia y reposo, consejo y saver,   350

V. 341   Cfr. nota al v. 284.

en manos de otro pudiera caer
que hubiera la burra asaz detrimento.

EVANDRO

A fe, Fortunado, que en esta sentencia
se acuerdan los cuerdos que son entre nos,
qu'ese Panteón es hombre de Dios   355
y agora lo muestra muy bien la esperiencia.

Yo no sé quién fuera pastor tan osado
que viéndose en tiempo de tal turvación,
guardara la burra con tal discreción.

FORTUNADO

Por eso es Dios bueno quien tal nos lo ha dado;   360
mas ora te buelvo a deçir de Peligro,
que, como partió de aquel sanctuario,
de quanto allí dixo usó lo contrario
poniendo a sí en mengua y l'alma en peligro.

Del Partenopeo, si quies que te arguya,   365
la culpa y la pena se huvo su dueño.
Peligro lo tubo y en menos que un sueño
perdiólo, y se va con poca honra suya.

EVANDRO

Tus manos dichosas y buena ventura
tocaron la llaga del Partenopeo,   370
que de otra manera, sin duda, me creo
su mal no llevara remedio ni cura.

V. 372   Se refiere, sin duda, a la derrota de Carlos VIII en Nápoles.
Ocupa el reino en 1495 y en 1497 ya se había producido la capitu-
lación de todas las guarniciones que allí dejara.

Pugnar contra ti es cosa muy loca,
que empués que partiste, en cosa ninguna
oviste revés de aduersa fortuna,   375
mas todo te viene a perdir de boca.

FORTUNADO

Quién. . . . .
Dios le mejora y limpia de roña,
mas creíme que al otro ruindá y ponçoña
se le haze en el puche el pasto(r) mejor.   380

Si ves que mis hatos prosperan sin daño
no es causa fortuna, mas esto que digo:
yo siempre he sido de Panteón amigo,
y pago mis diezmos muy bien cada año.
Y pláceme tanto su buena intención   385
que m'es enemigo cualquier que le daña,
y aburriera mi hato... y cabaña
por un solo pelo de su çamarrón.

Así que Peligro, pues es revellado,
y quiso seguir su mal apetito   390
rompiendo la paz qu'estava en scripto,
conviene que guste quién es Fortunado.
Guardar su amistad del todo querría
por bien de los hatos y paz de la tierra:
Peligro es pastor de muy mala guerra,   395
no dura con él jamás compañía.

El sigue su seso pensando acertar,
y fía en sus fuerças seyendo garçón;
si algo perdiere en esta quistión
la culpa se deve a sí solo dar;   400
que ya mis ganados están a la raya,
pelando cada hora su lana a porfía;

V. 395   Se refiere al Tratado de Barcelona de 1443.

el gran Panteón y su compañía,
ayuda pidiendo, razón es que l'haya.

EVANDRO

¡O buen Fortunado!, ¿qué quieres hazer?   405
En tu discreción tenía confiança,
qu'el mundo perdido tornase a bonança,
¿y quiéresle tú acabar de perder?
Descanso te pide la mucha fatiga
qu'en tiempo pasado tu cuerpo ha sufrido   410
ganando el aprisco qu'estava perdido:
tus hatos lo saven, si quies que lo diga.

FORTUNADO

Aquesa fatiga mis hatos desean
y yo no la huyo, sígola de grado;
descanso es al cuerpo trabajo pasado   415
y en l'ánima fuerte fatigas recrean.
Por dirte mis cosas muy más por estenso
quisiera contigo más largo hablar:
razón no consiente que mi gran tardar
a muchos enoja según que yo pienso.   420

Así que concluyo, que mucho he tardado,
por claro mostrarte, que tengo razón
poner por servicio del gran Panteón
el hato, los perros, çurrón y cayado.
También me pareze que estás pertinaçe;   425
llegada es la hora que el mundo fenece:
Justicia lo pide, Raçón favoreçe
que nadie apaçiente do la burra paze.

Y quantos en ella quisieran cargar
sus culpas y aperos estando holgada,   430
cuando la vieren qu'está abarrancada,
con todas sus fuerças la deven sacar.

EVANDRO

Tu gran discreción y mucho saver
con el Pantheón seyendo, soy cierto
podrés concertar cualquier desconcierto   435
y tornar el mundo a su primer ser.

Esta esperança me pone consuelos,
aunque aora te partes con prisa sañosa.

FORTUNADO

Evandro, la paz y guerra reposa
en manos de Aquel que rige los cielos.   440
Partir me conviene, la hora es venida,
a Dios t'encomiendo.

EVANDRO

                         Él guíe tu jornada;
mas mucho quisiera que más consolada
dejaras mi alma en tu despedida.

[ESCENA VI]

*Despedido FORTUNADO queda EVANDRO
haciendo una exclamación y, en fin, rogando
a Dios que aquella guerra sea convertida
en paz y concordia*

EVANDRO

¡Oh mundo caduco, mesón de mortales!   445
do hombres y enojos reposan, y muertes,
¿qué mal hay crecido con quien no conciertes?
¿Qué bien tan conforme que no desiguales?
¡O presta mudança de cielo y estrellas!
¡O dura discordia de los elementos!   450

¡O ravias infernas que vuestros tormentos
apaciguastes con nuestras querellas!

¿Qué hambre raviosa de nuestro sosiego
en vuestro apetito creció tan aína?
¿Qué ira sañosa, qué enbidia malina   455
os hizo tan presto ponerlas en suelo?
¡O Lachesis triste! ¿Por qué con tal furia
quebraste los hilos de nuestra alegría?
¡Dexárasle al menos holgar solo un día
si gana tenías de hazernos injuria!   460

¡Oh alto Señor que quieres y puedes
todas las cosas según las ordenas,
y de tu mano jamás sino buenas
proceden, y Tú de nadie procedes!
Repara, Señor, de gracia te pido,   465
el duro comienço de tanta mudança
qu'en tu mano sola se tiene esperança:
si Tú te descuidas el mundo es perdido.

Con sangre preciosa nos has redimido;
no, no consientas en sangre ensuciar   470
guerras mortales que pueden causar
sino de tu culto gran falta y olvido.
Levanta la saña de sobre la faz
de tierra con tristes y aflitos revaños;
piedad te convença de sus graves daños   475
y esta gran guerra convierte en gran paz.

Pues tal poder diste que a tus sacrificios
loores y honor su vida exercita,
consienta, Señor, tu gracia infinita
que goçe seguro de tus beneficios.   480
Y todos nosotros, con las manos juntas,
rodillas por suelo, digamos: Amén.
Vosotros cantando rogalde también
que sean las respuestas como las preguntas.

Canción del fin

Miserere al mundo aflito   485
regum Rex que, solo, puedes;
con tus gracias y mercedes
haz contento su apetito.
Tú el camino nos nuestras
de hazer lo que Tú quieres;   490
júzga[n]os como Quién eres,
no según las obras nuestras.

APÉNDICE

ANÓNIMO

DANÇA DE LA MUERTE

INTRODUCCIÓN

La obsesión de la tardía Edad Media por la muerte es bien conocida [1]; acrecentada por diversos avatares, y en especial por la peste negra del siglo XV, se concreta en múltiples formas plásticas y literarias y toma cuerpo dramático en las danzas.

Lejos de inscribirse en un breve lapso de tiempo, que pudiéramos identificar como el «otoño de la Edad Media», las figuraciones de la danza de la muerte sobreviven más de cuatro siglos, desde finales del XIV hasta finales del XVIII. A esa supervivencia contribuye, sin duda, el hecho de que en ella se conjugan factores de moralidad religiosa y de dimensión social: en efecto, ninguna otra representación de la muerte insiste tanto en la igualdad de los hombres, y ella se presta, además, de modo especial, a la denuncia de costumbres y a la sátira de estamentos. De su vigencia son clara muestra las alegorías pintadas en las paredes de los cementerios, en los atrios y en los templos así como las miniaturas en los márgenes de los libros.

Prescindiendo de estas concreciones plásticas y de sus indudables conexiones con los textos escritos, me interesa recordar la relación explícita que desde el comienzo de las investigaciones sobre las Danzas se ha establecido entre ellas, la predicación y el teatro. Wac-

---

[1]   Véase J. Huizinga, *El otoño de la Edad Media,* Revista de Occidente, 1973.

kernagel sostenía hace un siglo y medio que la Danza brota del sermón y va progresivamente enriqueciéndose hasta independizarse como pieza teatral [2]. Desarrolló su teoría Wilhelm Seelman, el cual estableció la hipótesis de un *Urtext* que, a su juicio, debió de ser una «moralidad» francesa, base de la *Danza general de la muerte,* de la *Dance macabre* y de la *Totentanz* de Lübeck [3]. Su teoría alcanzó gran éxito, pero muy pronto, sin embargo, la tesis del origen teatral —como desarrollo de una célula de sermón— iba a ser puesta en tela de juicio. Apoyándose en el estudio de unas estanzas germanas inscritas en dos series pictóricas de Basilea, Wilhelm Fehse propuso [4] como *Urtext* el llamado *Oberdeutscher Vierzeliger Totentanztext,* cuyo prototipo se encuentra en el *Codex Palatinus* 314, de Heidelberg. Se trata de un manuscrito copiado entre 1443 y 1447, donde al lado del poema germano hay una versión latina que hasta entonces se creía traducción posterior y que Fehse demuestra palmariamente ser el texto original. Ese poema latino *Dum mortem cogito crescit mihi causa doloris,* entroncado con el divulgadísimo *Vado mori,* daría origen, siempre según Fehse, a dos tradiciones: de un lado, el poema germano ilustrado, base, a su vez, de la *Totentanz* de Basilea; y de otro, a través de un poema didáctico francés con unos añadidos «Versos de la muerte», a la *Dance macabre* y las pinturas de los Inocentes, a la *Totentanz* de Lübeck y sus anejas pinturas, y, en fin, a la española *Danza de la muerte*.

Manteniendo la convicción del origen latino, Wolfgang Stammler [5] replantea la tesis de la fuente única y

[2]   ZDA, IX (1853); cit. por J. M. Clark, «The Dance of Death in Medieval Literature. Some Recent Theories of its Origin», *Modern Language Review,* 45 (1950), págs. 336-345.
[3]   W. Seelman, «Die Totentänze des Mittelalters», in *Jahrbuch des Vereins für niederdeutsche Sprachforschung,* 17 (1982), págs. 1-80.
[4]   W. Fehse, «Das Totentanz problem», *Zeitschrift für deutsche Philologie,* 42 (1910), pág. 260.
[5]   W. Stammler, *Die Totentänze des Mittelaltters,* München, 1922.

elabora un complejo «stemma» en el que nuestra *Danza de la muerte* derivaría del *Dum mortem cogito crescit mihi doloris,* que, a su juicio, estaría a la vez entroncado con una supuesta «Disputa» latina entre la Muerte y la Vida, en tanto que la *Dance macabre* y la *Totentanz* de Lübeck reciben también la afluencia de esa vía pero descendiendo, a la par, del *Vado mori* y la leyenda de «Los tres muertos y los tres vivos». No han dejado de sañalársele a esta tesis algunas reservas, y, fundamentalmente, la gran semejanza estructural de las tres Danzas citadas entre otras muchas: inclusión de la figura del predicador, orden estamental de aparición de personajes, etc. Claro que el propio Clark, que es quien las formula, se apresura a añadir que debiéramos descartar de una vez el empeño de buscar el arquetipo [6]. Por lo que hace a la Danza española, Florence Whyte la desvincula por completo de otros textos europeos [7] y Joël Saugnieux la supone expresión de una tradición particular e independiente [8], mientras que otros adscriben su filiación a la *Dance macabre* o a la Danza catalana.

Versiones castellanas

Dos son los textos que en castellano se conservan de la Danza. La *Dança general* que se encuentra en un manuscrito de la Biblioteca del Escorial (Ms. b IV, fols. 109r-129r) junto con los *Proverbios* del Rabbí Sem Tob, la *Revelación de un Hermitaño* y el *Tratado de la doctrina,* y la versión impresa en Sevilla por Juan Varela de Salamanca, en 1520, y conocida precisamente con la denominación de *Danza de la muerte.* El texto

---

[6] Op. cit., pág. 342.
[7] F. Whyte, *The Dance of Death in Spain and Catalonia,* Baltimore, Warerly Press, 1931.
[8] J. Saugnieux, *Les danses macabres de France et d'Espagne et leurs prolongements litteraires,* París, Les Belles Lettres, 1972.

que adjunto en la Antología es el de la *Dança general,*
por cuanto, como veremos, responde a una concepción
dramática mucho más clara.

En una comunicación presentada al II Congreso de
la Asociación Hispánica de Literatura medieval, he
planteado la hipótesis de que, siguiendo el camino
abierto por Stammler, de las dos versiones conservadas
en castellano sea, precisamente, la impresa de Sevilla
la más cercana a un poema, «X», ya en romance, que
hundiría sus raíces en la latinidad europea y que más
tarde, en una tradición más popularizante debió de ser
flexibilizado hacia el ámbito de la predicación/repre-
sentación, tal como lo recoge la versión del manuscrito
escurialense. El «stemma» sería, según eso, el siguiente:

Tradición latina tardo medieval
«X»
(Poema romance de arte mayor, de carácter
alegórico meditativo)

Traslado de la Tra-dición oral del Poema romance + flexibilización ha-cia el ámbito del sermón o sermo-teatro.	Poema romance + adi-ciones de Sevilla.

Creo, pues, que las dos versiones conservadas derivan, por dos canales distintos, de un *Urtext,* que tuvo
que ser un poema alegórico romance de meditación
sobre la muerte. Inspirado en la citada tradición latina
y en las danzas europeas de la muerte, formaría parte de
ese legado de poesía religiosa que va a aprovechar más
tarde el movimiento de la Reforma cisneriana, pero,
notémoslo, realizando un cambio en la preferencia de
metro: abandonará, en efecto, el arte mayor, y pasará al
octosílabo.

Concomitancias y divergencias en las dos versiones

Al igual que sucedió con la versión impresa de las «coplas pastoriles» de la *Vita Christi,* el texto de Sevilla se amplía en consideraciones costumbristas —sobre los afeites de las mujeres, males que acarrean, etc.— ,rompiendo un principio constante en toda la composición: en ella cada una de las figuras que aparecen es introducida en una sola estrofa e increpada en otra. Con absoluto respeto a ese ritmo simétrico, la versión del manuscrito del Escorial asigna a las dos doncellas acompañantes de la muerte las estrofas IX y X, correspondientes a la IX y XV de la versión del impreso; éste, sin embargo, añade entre una y otra esa descripción costumbrista de aguas, emplastos y perfumes, que, por la razón estructural aducida —y no porque falten en la versión del manuscrito—, hemos de reputar como interpolación.

Otro caso muy claro del mismo fenómeno lo constituyen las estrofas LXXXVII a la CXXXII de la versión del impreso. Introducen todas ellas una serie de personajes que rompen otro doble principio simétrico claramente establecido en la *Dança*. En los dos textos conservados el enlace de una figura con la siguiente se hace de modo regular, mediante una forma connotativa del engarce de las danzas populares: la llamada de la Muerte lanza a otro personaje, en el verso final del diálogo, a unirse con el personaje precedente. Así, por ejemplo, tras la increpación al Papa: «Vos, rey poderoso, venit a dançar» (Ms. XVII, v. 136)—; y al final de la increpación al rey: «En pos de vos venga luego el patriarca» (XIX, v. 152). Pues bien, este elemento de unión desaparece en una primera tanda de las citadas estrofas LXXXVII-CXXXII de la versión impresa: tras el santero se presenta de sopetón el juez, y detrás, del mismo modo, exabrupto, el escribano, el procurador, el cambiador... Así hasta la estrofa CXII —«La muerte al tamborino»— en cuyo final, verso. 896, reaparece el

engarce: «e tras vos venga el atahonero». A más de esto,
en una y otra versión se mantiene el principio de relación estamental siguiendo un orden vertical, de mayor
a menor categoría, con simetría perfecta de jerarquía
religiosa y jerarquía civil: «Dize el Padre Santo» /
«Dize el emperador»; «Dize el cardenal», / «Dize el
rey». En las citadas estrofas del impreso se elimina la
alternancia, desaparecen los personajes religiosos y, en
un orden horizontal, aparecen incorporados sólo oficios
de carácter civil.

Intencionadamente he mantenido aparte otras dos
adiciones de la versión del impreso que corresponden
a la figura del «Prior» (estrofas XXXIX-XL) y del
Çurugiano (estrofas LIII-LIV). En ambos casos se rompe la simetría señalada al faltar, en el primer caso, la
figura del estado laico —el prior va detrás del abad—
y del religioso en el segundo —al cirujano sigue el físico—, por más que se mantenga el enlace de la llamada
de la muerte. En el caso del prior la explicación podría
estar relacionada con la autoría de la versión impresa.
Suponiendo que fuera un franciscano [9], nada más lógico
que añadir el personaje del prior tras el del abad, ya que
la orden de los Menores careció de esta última jerarquía.
El caso del cirujano constituiría, por contra, una «amplificatio» del quehacer del físico.

Eliminados esta serie de elementos que, obviamente,
no afectan al esqueleto de la obra, nos enfrentamos con
dos versiones cuyas divergencias esenciales se mani-
fiestan en dos planos: estructural y formal. En el plano
estructural las dos versiones difieren sobre todo en las
estrofas iniciales, mientras que en el plano formal,
atendiendo a la medida, léxico, sintaxis y semántica, las
diferencias son importantes a lo largo de todo el texto.

[9]   M. Gennero, «Elementos franciscanos en las *Danzas de la
muerte*», *Boletín del Instituto Caro y Cuervo*, 29 (1974). Marguerita
Morreale insiste en la autoría de un dominico: *Para una antología de
la literatura castellana medieval: La Danza de la Muerte*, Bari, 1963.

Es el primero, sin embargo, el que reviste especial interés a nuestro propósito.

Del yo reflexivo a la dramatización

La versión del Escorial —*Dança general*— comienza, sin preámbulo alguno, con la irrupción de la muerte —«Yo so la muerte çierta a toda criatura»— cuyo impacto dramático es evidente. Por el contrario, inicia el impreso sevillano su andadura con una estrofa inicial de carácter reflexivo donde el «yo» meditativo —«Yo estando triste y muy fatigado»— nos conduce sin demasiado sobresalto a la presencia de la muerte: «Yo la muerte encerco a las criaturas.» Debe recordarse que este tipo de introducción es frecuentísima a lo largo del siglo XV en las obras de los autores mayores, en su vertiente culta, así como en la poesía cancioneril de carácter grave.

Tal dicotomía en la consideración del destinatario explicaría la ausencia de la figura del predicador en la versión impresa y su presencia en la manuscrita. Para el carácter meditativo de la primera supondría un inaceptable comienzo «ex abrupto»; por el contrario, si sustituimos el yo reflexivo por el pueblo oyente o expectante, nada mejor para llamar su atención que la voz tonante del predicador. Queda ya dicho que en la popularización de los temas religiosos y morales desempeñan un papel clave las órdenes mendicantes que centran su actividad en la predicación. Al servicio de un propósito moralizador de las masas, rompen el rígido esquema del sermón escolástico medieval [10] y lo flexibilizan en las más variadas direcciones de contenido y forma, poniendo especial énfasis en la denuncia del poder del dinero. En concreto, a los franciscanos les resultaba especialmente grata la idea de la igualdad

---

[10] Th. M. Charland, *«Artes praedicandi». Contribution a l'histoire de la Rhèthorique au Moyen Age,* París-Otawa, 1936.

fundamental de todos los hombres. Un «topos» clásico refería esta última a la suerte: «Pallida mors aequo pulsat pede pauperum tabernas regumque turres», decía ya Horacio [11].

Pues bien, una vez establecidas las diferencias estructurales entre las dos versiones, pienso —sólo como hipótesis— que el *Urtext* de la castellana *Danza de la muerte* debió de ser un poema romance en coplas de arte mayor, dependiente de un poema latino y entroncado con la tradición europea de las danzas de la muerte. Tal poema tendría un *planteamiento-marco* de meditación alegórica que nos ha llegado en la versión del impreso de Sevilla —suprimidas las dos series de interpolaciones—. De hecho, la primera copla de esa versión «Yo estando triste y muy fatigado / con un pensamiento que siempre tenía, / el cual me traía tanto atormentado...» está muy cercano al latín «Dum cogito mortem, crescit mihi causa doloris». En estrecha coherencia con el *planteamiento-marco* alegórico, el poeta romance escogió el molde de la copla de arte mayor y escribió una composición de cuidada simetría.

Ese poema, «X», debió ser obra de un fraile de la Observancia reformada; por eso las figuras mejor paradas son las del monje benito —los observantes se acogieron a la Regla básica de San Benito— y el ermitaño —los observantes optaron por el eremitismo en bastantes casos y, como colectividad, por la jornada eremítica. En un determinado momento, coincidiendo con el auge de la predicación de los mendicantes, un fraile menor debió de cambiar el *planteamiento-marco* del poema para adaptarlo a la predicación. Introduce para ello la figura inicial del predicador y conecta con su sermón la figuración de la danza a modo de «exemplum». Dos términos claves del «Prólogo en la trasladación» ilustran esto: «Aquí comiença la dança general, en la qual tracta...»; «e asimesmo les dize e requiere que

---

[11]   *Carmina,* I, 4, 13.

vean e *oyan bien* lo que los sabios predicadores les dizen e amonestan cada día...». Un *tratado*, pues, que se puede *ver* plásticamente dramatizado.

¿Representación, por tanto? Sin ir tan lejos, podemos conjeturar que, a la hora de imprimir la convicción en los oyentes, el predicador se sirviera de alguna ejemplificación plástica; una de las formas sería la imagen de la Danza de la muerte, aunque no la única. García de la Concha ha documentado en un Cancionero salmantino unas «coplas sobre la muerte» encabezadas por el rótulo: «Éstas son las que ha de tener el fraile.» A continuación siguen los versos: «Es la disforme figura / que este bulto nos presenta...» «No tenemos constancia —dice él— de que las coplas acompañaran algún grabado representando la muerte [...] pero, en todo caso, ella es la «disforme figura» que en el verso 1 de la 1 copla es señalada en una imagen concreta, «este bulto», verso 2. [12] Todo apunta a una posible predicación escenificada. En este sentido, el estudio de los deícticos, indicadores del receptor en una y otra versión —«ellos», «essa» en el impreso, frente a «estos», «aquestos» en el manuscrito—, junto con el carácter más popularizante del último, me inclinan a creer que, si no teatro puro, sí pudo hacerse, al menos, una representación plástica de la *Danza*.

---

[12] Víctor García de la Concha, «Un cancionero salmantino del siglo xv: el Ms. 2762», en *Homenaje a José Manuel Blecua,* Madrid, Gredos, 1983, pág. 227.

BIBLIOGRAFÍA

ÁLVAREZ PELLITERO, ANA M.: «La *Dança de la muerte,* entre el sermón y el teatro». En curso de publicación en las *Actas del II Congreso de la Asociación Hispánica de Literatura Medieval* [Segovia, 1987].

CHARLAND, TH. M.: *«Artes praedicandi». Contribution a l'histoire de la Rhètorique au Moyen Age,* París, Otawa, 1936.

CLARK, J. M.: «The Dance of Death in Medieval Literature. Some Recent Theories of its Origin», *Modern Language Review,* 45 (1950), págs. 336-345.

FEHSE, W.: «Das Totentanz problem», *Zeitschrift für deutsche Philologie,* 42 (1910).

GARCÍA DE LA CONCHA, V.: «Un cancionero salmantino del siglo XV: el Ms. 2762», en *Homenaje a José Manuel Blecua,* Madrid, Gredos, 1983.

GENNERO, M.: «Elementos franciscanos en las *Danzas de la Muerte», Boletín del Instituto Caro y Cuervo,* 29 (1974).

HUIZINGA, J.: *El otoño de la Edad Media,* Madrid, Revista de Occidente, 1973.

MORREALE, M.: *Para una antología de la literatura castellana medieval: La Danza de la Muerte,* Bari, 1963.

SAUGNIEUX, J.: *Les danses macabres de France et d'Espagne et leurs prolongements litteraires,* Les Belles Lettres, París, 1972.

SEELMAN, W.: «Die Totentänze des Mittelaltere», *Jahrbuch des Vereins für niederdeutsche Sprachforschung,* 17 (1982), págs. 1-80.

STAMMLER, W.: *Die Totentänze des Mittelaltters,* München, 1922.

WHYTE, F.: *The Dance of Death in Spain and Catalonia,* Warerly Press, Baltimore, 1931.

DANÇA DE LA MUERTE *

Prólogo en la trasladaçión

Aquí comiença la dança general, en la qual tracta cómo la muerte dize e avisa a todas las criaturas que paren mientes en la breviedad de su vida, e que d'ella mayor cabdal non sea fecho que ella meresçe. E asimesmo les dize e requiere que vean e oyan bien lo que los sabios pedricadores les dizen e amonestan de cada día, dándoles bueno e sano consejo: que pugn[en] en fazer buenas obras, por que ayan conplido perdón de sus pecados; e, luego siguiente, mostrando por espiriençia lo que dize, llama e requiere a todos los estados del mundo que vengan de su buen grado o contra su voluntad.

Començando dize ansí:

Dize la muerte

I

Yo so la muerte çierta a todas criaturas
que son y serán en el mundo durante.
Demando y digo: ¡o, omne!, ¿por qué curas
de vida tan breve en punto pasante?;

---

    * Sigo la versión del códice de El Escorial, con modificaciones de grafías no pertinentes y de puntuación.

pues non ay tan fuerte nin rezio gigante   5
que d'este mi arco se puede anparar;
conviene que mueras quando lo tirar
con esta mi frecha cruel traspasante.

II

¿Qué locura es ésta tan magnifiesta
que piensas tú, omne, que el otro morrá   10
e tú quedarás por ser bien conpuesta
la tu conplisión, e que durará?
Non eres çierto si en punto verná
sobre ti a dessora alguna corrupçión
de landre o carbonco, o tal inplisión   15
por que el tu vil cuerpo se dessatará.

III

¿O piensas por ser mançebo valiente,
o ninno de días, que aluenne estaré,
e fasta que liegues a viejo inpotente
la mi venida me detardaré?   20
Avísate bien que yo llegaré
a ti a desora, que non he cuidado
que tú seas mançebo o viejo cansado,
que qual te fallare, tal te levaré.

IV

La plática muestra seer pura verdad   25
aquesto que digo, sin otra fallençia.
La Santa Escriptura, con çertenidad,
da sobre todo su firme sentençia
a todos diziendo: «fazed penitençia,
que a morir avedes non sabedes quándo»;   30
si non, ved el fraire que está pedricando,
mirad lo que dize de su grand sabiençia.

Dize el predicador

V

Sennores honrrados, la Santa Escriptura
demuestra e dize que todo omne nasçido
gostará la muerte, maguer sea dura,   35
ca traxo al mundo un solo bocado;
ca papa o rey o obispo sagrado,
cardenal o duque, e conde exçelente,
el enperador con toda su gente
que son en el mundo, de morir han forçado.   40

Bueno e sano consejo

VI

Sennores, punad en fazer buenas obras,
non vos fiedes en altos estados,
que non vos valdrán thesoros nin doblas
a la muerte que tiene sus lazos parados.
Gemid vuestras culpas, dezid los pecados   45
en quanto podades, con satisfaçión,
si queredes aver conplido perdón
de Aquél que perdona los yerros pasados.

VII

Fazed lo que digo, non vos detardedes
que ya la muerte encomiença a hordenar   50
una dança esquiva, de que non podedes
por cosa ninguna que sea escapar;
a la qual dize que quiere levar
a todos nosotros, lançando sus redes.
Abrid las orejas, que agora oiredes   55
de su charanbela un triste cantar.

Dize la muerte
VIII

A la dança mortal venit los nasçidos
que en el mundo soes de qualquiera estado;
el que non quisiere, a fuerça e amidos
fazer le he venir muy toste, priado.   60
Pues que ya el fraire vos ha pedricado
que todos vayaes a fazer penitençia,
el que non quisiere poner diligençia
por mí non puede ser más esperado.

Primeramente llama a su dança a dos donzellas
IX

[A] esta mi dança traxe de presente   65
estas dos donzellas que vedes fermosas;
ellas vinieron de muy mala mente
[a] oir mis cançiones, que son dolorosas.
Mas non les valdrán flores e rosas
nin las composturas que poner solían.   70
De mí, si pudiesen, partir se querrían;
mas non puede ser, que son mis esposas.

X

A éstas e a todos por las aposturas
daré fealdad, la vida partida,
e desnudedad por las vestiduras,   75
por sienpre jamás, muy triste aborrida;
e por los palaçios daré, por medida,
sepulcros escuros de dentro fedientes,
e por los manjares, gusanos royentes
que coman de dentro su carne podrida.   80

XI

E porque el Santo Padre es muy alto sennor,
e en todo el mundo non ay su par,

d'esta mi dança será guiador;
desnude su capa, comiençe a sotar.
Non es ya tienpo de perdones dar   85
nin de celebrar en grande aparato,
que yo le daré en breve mal rato.
¡Dançad, Padre Santo, sin más detardar!

Dize el Padre Santo

XII

¡Ay de mí, triste, qué cosa tan fuerte
a [yo] que tractava tan grand perlazía!   90
¡aver de pasar agora la muerte
e non me valer lo que dar solía!
Benefiçios e honrras e grand sennoría
tove en el mundo pensando bevir;
pues de ti, muerte, non puedo fuir,   95
¡Valme Jhesu Cristo, e tú, Virgen María!

Dize la muerte

XIII

Non vos enojedes, sennor Padre Santo,
de andar en mi dança que tengo ordenada.
Non vos valdrá el bermejo manto:
de lo que fezistes abredes soldada.   100
Non vos aprovecha echar la cruzada,
proveer de obispados nin dar benefiçios;
aquí moriredes sin fer más bolliçios.
¡Dançad, imperante, con cara pagada!

Dize el enperador

XIV

¿Qué cosa es ésta que atán sin pavor   105
me lleva a su dança, a fuerça, sin grado?
Creo que es la muerte, que non ha dolor
de omne que sea, grande o cuitado.

¿Non ay ningund rey nin duque esforçado
que d'ella me pueda agora defender?   110
¡Acorredme todos! Mas non puede ser,
que ya tengo d'ella todo el seso turbado.

Dize la muerte

XV

Enperador muy grande, en el mundo potente,
non vos cuitedes, ca non es tienpo tal
que librar vos pueda inperio nin gente,   115
oro nin plata, nin otro metal.
Aquí perderedes el vuestro cabdal
que athesorastes con grand tiranía
faziendo batallas de noche e de día.
Morid, non curedes. ¡Venga el cardenal!   120

Dize el cardenal

XVI

¡Ay, Madre de Dios, nunca pensé ver
tal dança como ésta a que me fazen ir!
Querría, si pudiese, la muerte estorçer;
non sé dónde vaya, comienço a thremer.
Siempre trabajé noctar y escrevir   125
por dar benefiçios a los mis criados;
agora mis mienbros son todos torvados,
que pierdo la vista e non puedo oir.

Dize la muerte

XVII

Reverendo padre, bien vos avisé
que aquí abríades por fuerça a llegar   130
en esta mi dança, en que vos faré
agora aína un poco sudar.

Pensastes el mundo por vos trastornar
por llegar a papa e ser soberano;
mas non lo seredes aqueste verano.   135
Vos, rey poderoso, venit a dançar.

Dize el rey

XVIII

¡Valía, valía, los mis cavalleros!
yo non querría ir a tan baxa dança;
llegadvos con los vallesteros,
hanparadme todos por fuerça de lança.   140
Mas ¿qué es aquesto, que veo en balança
acortarse mi vida e perder los sentidos?
El coraçón se me quexa con grandes gemidos.
Adiós, mis vasallos, que muerte me trança.

Dize la muerte

XIX

Rey fuerte, tirano, que sienpre robastes   145
todo vuestro reyno e fenchistes el arca;
de fazer justiçia muy poco curastes,
segunt es notorio por vuestra comarca.
Venit para mí, que yo só monarca
que prenderé a vos, e a otro más alto;   150
llegat a la dança, cortés, en un salto.
En pos de vos venga luego el patriarca.

Dize el patriarca

XX

Yo nunca pensé venir a tal punto,
nin estar en dança tan sin piadad;
ya me van privando, segunt que barrunto,   155
de benefiçios e de dignidad.

¡O, homne mesquino!, que en grad çeguedad
andove en el mundo, non parando mientes
cómo la müerte, con sus duros dientes,
roba a todo omne de cualquier hedad.   160

Dize la muerte

XXI

Sennor patrïarca, yo nunca robé
en alguna parte cosa que non deva;
de matar a todos costunbre lo he,
de escapar alguno de mí non se atreva.
Esto vos ganó vuestra madre Eva   165
por querer gostar fructa devedada.
Poned en recabdo vuestra cruz dorada.
Sígase con vos el duque, antes que más beva.

Dize el duque

XXII

¡O, qué malas nuevas son éstas!, sin falla
que agora me trahen que vaya a tal juego.   170
Yo tenía pensado de fazer batalla;
¡espérame un poco, muerte, yo te ruego!
Si non te detienes, miedo he que luego
me prendas o (me) mates. Avré de dexar
todos mis deleites, ca non puedo estar   175
que mi alma escape de aquel duro fuego.

Dize la muerte

XXIII

Duque poderoso, ardit e vallente,
non es ya tïenpo de dar dilaçiones;
andad en la dança con buen continente,
dexad a los otros vuestras guarniçiones.   180

Ya más non podredes çebar los alcones,
hordenar las justas nin fazer torneos;
aquí avrán fin los vuestros deseos.
Venit, arçobispo, dexat los sermones.

Dize el arçobispo

XXIV

¡Ay, muerte cruel! ¿qué te mereçí,   185
o por qué me llievas tan arrebatado?
Biviendo en deleites nunca te temí;
fiando en la vida quedé engannado.
Mas si yo bien rijera mi arçobispado,
de ti non oviera tan fuerte temor,   190
mas sienpre del mundo fui amador:
bien sé que el infierno tengo aparejado.

Dize la muerte

XXV

Sennor arçobispo, pues tan mal registes
vuestros subdictos e clerezía,
gostad amargura por lo que comistes,   195
manjares diversos con grand golosía.
Estar non podredes en Santa María
con pal[i]o romano en pontifical;
venit a mi dança, pues soes mortal.
Pase el condestable por otra tal vía.   200

Dize el condestable

XXVI

Yo vi muchas danças de lindas donzellas,
de duennas fermosas de alto linaje;
mas, segunt me paresçe, no es ésta d'ellas,
ca el thannedor trahe feo visaje.

Venid, camarero, dezid a mi paje   205
que traiga el cavallo, que quiero fuir,
que ésta es la dança que dizen morir;
si d'ella escapo, thener me han por saje.

Dize la muerte
XXVII

Fuir non conviene al que ha de estar quedo;
estad, condestable, dexat el cavallo;   210
andad en la dança alegre, muy ledo,
sin fazer rüido, ca yo bien me callo;
mas verdad vos digo que, al cantar el gallo,
seredes tornado de otra figura:
allí perderedes vuestra fermosura.   215
Venit vos, obispo, a ser mi vasallo.

Dize el obispo
XXVIII

Mis manos aprieto, de mis ojos lloro,
¿por qué soy venido a tanta tristura?
Yo era abastado de plata y de oro,
de nobles palaçios e mucha folgura;   220
agora la muerte, con su mano dura,
tráheme en su dança medrosa sobejo.
Parientes, amigos, ponedme consejo
que pueda salir de tal angostura.

Dize la muerte
XXIX

Obispo sagrado, que fuestes pastor   225
de ánimas muchas, por vuestro pecado
a juizio iredes ante el Redenptor,
e daredes cuenta de vuestro obispado.
Siempre anduvistes de gentes cargado,

en corte de rey e fuera de igleja;   230
mas yo sorziré la vuestra pelleja.
Venit, cavallero, que estades armado.

Dize el cavallero

XXX

A mí non paresçe ser cosa guisada
que dexe mis armas e vaya dançar
a tal dança negra, de llanto poblada,   235
que contra los bivos quesiste hordenar.
Segunt estas nuevas conviene dexar
merçedes e tierras que gané del rey;
pero, a la fin, sin dubda non sey
quál es la carrera que avré de levar.   240

Dize la muerte

XXXI

Cavallero noble, ardit e ligero,
fazed buen senblante en vuestra persona.
Non es aquí tienpo de contar dinero;
oid mi cançión por qué modo cantona.
Aquí vos faré correr la athaona,   245
e después veredes cómo ponen freno
a los de la vanda que roban lo ageno.
¡Dançad, abad gordo, con vuestra corona!

Dize el abad

XXXII

Maguer provechoso só a los relijosos,
de tal dança, amigos, yo non me contento;   250
en mi çelda avía manjares sabrosos,
de ir non curava comer a convento.

Darme hedes signado como non consiento
de andar en ella, ca he grand reçelo,
e si tengo tienpo, provoco e apelo;   255
mas non puede ser, que ya desatiento.

Dize la muerte

XXXII

Don abad bendicto, folgado, viçioso,
que poco curastes de vestir çeliçio,
abraçadme agora: seredes mi esposo
pues que deseastes plazeres e vicios.   260
Ca yo só bien presta a vuestro serviçio,
avedme por vuestra, quitad de vos sanna,
ca mucho me plaze [con] vuestra conpanna.
E vos, escudero, venit al ofiçio.

Dize el escudero

XXXIV

Duennas e donzellas, aved de mí duelo: 265
fázenme por fuerça dexar los amores;
echóme la muerte su sotil anzuelo,
fázenme dançar dança de dolores.
Non trahen, por cierto, firmalles nin flores
los que en ella dançan, mas grand fealdad.   270
¡Ay de mí, cuitado, que en gran vanidad
andove en el mundo sirviendo sennores!

Dize la muerte

XXXV

Escudero polido, de amor sirviente,
dexad los amores de toda persona;
venit, ved mi dança e cómo se adona,   275
e a los que dançan aconpannaredes.

Mirad su figura: tal vos tornaredes
que vuestras amadas non vos querrán veer.
Aved buen conorte, que así ha de ser.
Venit vos, deán, non vos corroçedes.   280

Dize el deán

XXXVI

¿Qu'es aquesto?, que yo de mi seso salgo.
Pensé de fuir, e non fallo carrera.
Grand renta tenía e buen deanazgo,
e mucho trigo en la mi panera;
allende de aquesto estava en espera   285
de ser proveído de algund obispado;
agora la muerte enbióme mandado,
mala sennal veo, pues fazen la cera.

Dize la muerte

XXXVII

Don rico avariento, deán muy hufano,
que vuestros dineros trocastes en oro,   290
a pobres e a biudas çerrastes la mano,
e mal despendistes el vuestro thesoro.
Non quiero que estedes ya más en el coro,
salid luego fuera sin otra pereza;
yo vos mostraré venir a pobreza.   295
Venit, mercadero, a la dança del lloro.

Dize el mercadero

XXXVIII

¿A quien dexaré todas mis riquezas
e mercadurías que traigo en la mar?
Con muchos traspasos e más sotilezas
gané lo que tengo en cada lugar.   300

Agora la muerte vínome llamar.
¿Qué será de mí? Non sé qué me faga.
¡O muerte, tu sierra a mí es grand plaga!
Adiós, mercaderos, que voyme a finar.

Dize la muerte

XXXIX

De oy más non curedes de pasar en Flandes;   305
estad aquí quedo e iredes ver
la tienda que traigo de buvas y landres:
de gracia las dó, non las quiero vender.
Una sola d'ellas vos fará caer
de palmas en tierra, dentro en mi botica,   310
e en ella entraredes maguer sea chica.
E vos, arçediano, venid al tanner.

Dize el arçediano

XL

¡O mundo vil, malo e fallesçedero,
cómo me engannaste con tu promisión!
Prometísteme vida; de ti non la espero;   315
sienpre mentiste en toda sazón.
Faga quien quisiere la vesitaçión
de mi arçedianazgo por que trabajé.
¡Ay de mí, cuitado, grand cargo tomé!
Agora lo siento, que fasta aquí non.   320

Dize la muerte

XLI

Arçediano amigo, quitad el bonete,
venit a la dança süave e onesto,
ca quien en el mundo sus amores mete,
él mesmo le faze venir a todo esto.

Vuestra dignidad, segunt dize el testo,   325
es cura de ánimas, e daredes cuenta:
si mal las registes, avredes afruenta.
Dançad, abogado, dexad el Dijesto.

Dize el abogado

XLII

¿Qué fue ora, mesquino, de quanto aprendí,
de mi saber todo e mi libelar?   330
Quando estar pensé, entonçe caí:
çegóme la muerte, non puedo estudiar.
Resçelo he grande de ir al lugar
do non me valdrá libelo nin fuero;
peor es, amigos, que sin lengua muero: 335
abarcóme la muerte, non puedo fablar.

Dize la muerte

XLIII

Don falso abogado prevalicador,
que de amas las partes levastes salario,
venga se vos miente cómo sin temor
bolvistes la foja por otro contrario.   340
El Chino e el Bártolo e el Coletario
non vos librarán de mi poder mero;
aquí pagaredes como buen romero.
E vos, canónigo, dexad el breviario.

Dize el canónigo

XLIV

Vete agora, muerte, non quiero ir contigo,   345
déxame ir al coro, ganar la raçión.
Non quiero tu dança nin ser tu amigo,
en folgura bivo, non he turbaçión;

aún este otro día ove provisión
d'esta calongía que me dio el perlado;   350
d'esto que tengo soy bien pagado,
vaya quien quisiere a tu vocaçión.

Dize la muerte

XLV

Canónigo amigo, non es el camino
ese que pensades; dad acá la mano.
El sobrepeliz delgado de lino   355
quitadlo de vos e irés más liviano.
Darvos he un consejo que vos será sano:
tornadvos a Dios e fazed penitençia,
ca sobre vos çierto es dada sentençia.
Llegad acá, físico, que estades ufano.   360

Dize el físico

XLVI

Mintióme sin dubda el Fin de Aviçena
que me prometió muy luengo bevir
rigiéndome bien a yantar y cena,
dexando el bever después del dormir.
Con esta esperança pensé conquerir   365
dineros e plata, enfermos curando;
mas agora veo que me va llevando
la muerte consigo: conviene sofrir.

Dize la muerte

XLVII

¿Pensastes vos, físico, que por Galeno
o don Ypocrás con sus inforismos   370
seríades librado de comer del feno
que otros gastaron de más sologismos?

Non vos valdrá fazer gargarismos,
conponer xaropes nin tener diecta;
non sé si lo oistes: yo só la que aprieta.   375
Venid vos, don cura, dexad los bautismos.

Dize el cura

XLVIII

Non quiero exebçiones nin conjugaciones,
con mis perrochanos quiero ir folgar;
ellos me dan pollos e lechones
e muchas obladas con el pie de altar.   380
Locura sería mis diezmos dexar
e ir a tu dança de que non se parte;
pero, a la fin, non sé por quál arte
d'esta tu dança pudiese escapar.

Dize la muerte

XLIX

Ya non es tïempo de yazer al sol   385
con los perrochanos beviendo del vino;
yo vos mostraré un re mi fa sol
que agora conpuse de canto muy fino.
Tal como a vos quiero aver por vezino,
que muchas ánimas tovistes en gremio;   390
segunt las registes, avredes el premio.
Dançe el labrador que viene del molino.

Dize el labrador

L

¿Cómo conviene dançar al villano
que nunca la mano sacó de la reja?
Busca, si te plaze, quien dançe liviano;   395
déxame, muerte, con otro trebeja,

ca yo como toçino e a vezes oveja,
e es mi ofiçio trabajo e afán
arando las tierras para senbrar pan;
por ende non curo de oir tu conseja.   400

Dize la muerte

LI

Si vuestro trabajo fue siempre sin arte,
non faziendo surco en la tierra agena,
en la gloria eternal avredes grand parte,
e por el contrario sufriredes pena.
Pero, con todo eso, poned la melena,   405
allegadvos a mí: yo vos uniré;
lo que a otros fize, a vos lo faré.
E vos, monje negro, tomad buen estrena.

Dize el monje

LII

Loor e alabança sea para sienpre
al alto Sennor que, con piadad, me lieva   410
a su santo reino, adonde contenple
por sienpre jamás la su magestad.
De cárcel escura vengo a claridad
donde avré alegría sin otra tristura;
por poco trabajo avré grand folgura.   415
Muerte, non me espanto de tu fealdad.

Dize la muerte

LIII

Si la regla santa del monje bendicto
guardastes del todo sin otro deseo,
sin dubda tened que soes escripto
en libro de vida, segunt que yo creo.   420

Pero si fezistes lo que fazer veo
a otros que handan fuera de la regla,
vida vos darán que sea más negra.
Dançad, usurero, dexad el correo.

Dize el usurero

LIV

Non quiero tu dança nin tu canto negro,   425
más quiero, prestando, doblar mi moneda;
con pocos dineros que me dio mi suegro,
otras obras fago que non fizo Beda.
Cada anno los doblo; demás está queda
la prenda en mi casa, que está por el todo.   430
Allego riquezas hyaziendo de cobdo;
por ende tu dança a mí non es leda.

Dize la muerte

LV

Traidor usurario de mala conçençia,
agora veredes lo que fazer suelo:
en fuego infernal, sin más detenençia,   435
porné la vuestra alma cubierta de duelo;
allá estaredes do está vuestro ahuelo,
que quiso usar segund vos usastes;
por poca ganançia mal siglo ganastes.
E vos, fraire menor, venit a sennuello.   440

Dize el fraire

LVI

Dançar non conviene a maestro famoso
segunt que yo só en la religión;
maguer mendigante, bivo viçïoso,
e muchos desean oir mi sermón.

Dezísdesme agora que vaya a tal son;   445
dançar non querría, si me das lugar.
¡Ay de mí, cuitado, que avré a dexar
las honrras e grado, que quiera o que non!

Dize la muerte

LVII

Maestro famoso, sotil e capaz,
que en todas las artes fuestes sabidor,   450
non vos acuitedes, linpiad vuestra faz,
que a pasar avredes por este dolor.
Yo vos levaré ante un Sabidor
que sabe las artes sin ningunt defecto;
sabredes leer por otro decrepto.   455
Portero de maça, venid al tenor.

Dize el portero

LVIII

¡Ay del rey, varones, acorredme agora!
Llévame sin grado esta muerte brava;
non me guardé d'ella, tomóme a dessora,
a puerta del rey guardando estava.   460
Oy, en este día, al conde esperava
que me diese algo porque le di la puerta.
Guarde quien quisiere o fínquese abierta,
que ya la mi guarda non vale una fava.

Dize la muerte

LIX

Dexad essas bozes, llegadvos corriendo,   465
que non es ya tienpo de estar en la vela;
las vuestras baratas yo bien las entiendo,
e vuestra cobdiçia por qué modo suena.
Çerrad'es la puerta demás quando yela
al omne mesquino que bien a librar;   470
lo que d'él levastes avrés a pagar.
E vos, hermitanno, salid de la çelda.

Dize el hermitanno

LX

La muerte reçelo, maguer que só biejo.
¡Sennor Ihesu Christo, a ti me encomiendo!
De los que te sirven tú eres espejo,   475
pues yo te serví, la tu gloria atiendo.
Sabes que sufrí lazeria biviendo
en este disierto en contenplaçión,
de noche e de día faziendo oración,
e, por más abstinencia, las yervas comiendo.   480

Dize la muerte

LXI

Fazes grand cordura. Llamarte ha el Sennor
que con diligencia pugnastes servir;
si bien le servistes, avredes honor
en su santo reino do avés a venir.
Pero, con todo esto, avredes a ir   485
en esta mi dança con vuestra barvaça;
de matar a todos aquésta es mi caça.
Dançad, contador, después de dormir.

Dize el contador

LXII

¿Quién podría pensar que, tan sin disanto,
avía a dexar mi contaduría?   490
Llegué a la muerte e vi desbarato
que fazía en los omnes con gran osadía.
Allí perderé toda mi valía,
averes y joyas y mi grand poder.
Faga libramientos de oy más quien quisier,   495
ca çercan dolores el ánima mía.

[Dize la muerte]

LXIII

Contador amigo, si bien vos catades
cómo por favor, e a vezes por don,
librastes las cuentas, razón es que ayades
dolor e quebranto por tal occasión.   500
Cuento de alguarismo nin su división
non vos ternán pro, e iredes comigo;
andad acá luego, así vos lo digo.
E vos, diácono, venid a lecçión.

Dize el diácono

LXIV

Non veo que tienes gesto de lector,   505
tú que me conbidas que vaya a leer;
non vi en Salamanca maestro nin doctor
que tal gesto tenga, nin tal paresçer.
Bien sé que con arte me quieres fazer
que vaya a tu dança para me matar;   510
si esto así es, venga administrar
otro por mí, que yo vome a caer.

Dize la muerte

LXV

Maravíllome mucho de vos, clerizón,
pues que bien sabedes que es mi doctrina
matar a todos por justa razón,   515
e vos esquivades oir mi bozina.
Yo vos vestiré almática fina,
labrada de pino, en que ministredes:
fasta que vos llamen, en ella iredes.
Venga el que recabda, e dançe aína.   520

Dize el recabdaor

LXVI

Asaz he que faga en recabdar
lo que por el rey me fue encomendado;
por ende, non puedo nin devo dançar
en esta tu dança, que non he acostumbrado.
Quiero ir agora apriessa, priado,   525
por unos dineros que me han prometido,
ca he esperado e el plazo es venido;
mas veo el camino del todo çerrado.

Dize la muerte

LXVII

Andad acá luego sin más detardar,
pagad los cohechos que avés levado,   530
pues que vuestra vida fue en trabajar
cómo robaríedes al omne cuitado.
Dar vos he un poyo en que estéis asentado,
e fagades las rentas, que tenga dos pasos;
allí darés cuenta de vuestros traspasos.   535
Venid, subdiácono, alegre e pagado.

Dize el subdiácono

LXVIII

Non he menester de ir a trotar
como fazen essos que traes a tu mando;
antes de evangelio me quiero tornar
estas quatro ténporas que se van llegando.   540
En lugar de canto veo que llorando
andan todos essos; non fallan abrigo.
Non quiero tu dança: así te lo digo
mas quiero pasar el salterio rezando.

Dize la muerte

LXIX

Mucho es superfluo el vuestro alegar;   545
por ende, dexad aquessos sermones.
Non tenés manera de andar a dançar,
nin comer obladas çerca los tizones;
non iredes más en las proçisiones
do dávades bozes muy altas, en grito,   550
como por enero fazía el cabrito.
Venit, sacristán, dexad las razones.

Dize el sacristán

LXX

Muerte, yo te ruego que ayas piedad
de mí que só moço de pocos días;
non conosçí a Dios con mi moçedad,   555
nin quise tomar nin seguir sus vías.
Fía de mí, amiga, como de otros fías,
porque satisfaga del mal que he fecho;
a ti non se pierde jamás tu derecho,
ca yo iré, si tú por mí envías.   560

Dize la muerte

LXXI

Don sacristanejo de mala picanna,
ya non tenés tienpo de saltar paredes,
nin de andar de noche con los de la canna,
faziendo las obras que vos bien sabedes.
Andar a rondar vos ya non podredes,   565
nin presentar joyas a vuestra sennora:
si bien vos quiere, quítevos agora.
Venit vos, rabí: acá meldaredes.

Dize el rabí

LXXII

¡O Elohim e Dios de Habrahán,
que prometiste la redenpçión!   570
non sé qué me faga con tan grand afán:
mándanme que dançe, non entiendo el son.
Non ha omne en el mundo, de quantos ý son,
que pueda fuir de su mandamiento.
Veladme, dayanes, que mi entendimiento   575
se pierde del todo con grand afliçión.

Dize la muerte

LXXIII

Don rabí barbudo, que sienpre estudiastes
en el Talmud e en los sus doctores,
e de la verdad jamás non curastes,
por lo cual avredes penas e dolores.   580
Llegavdos acá con los dançadores,
e diredes por canto vuestra berahá;
dar vos han posada con rabí Açá.
Venit, alfaquí, dexad los sabores.

Dize el alfaquí

LXXIV

¡Si Alahá me vala! Es fuerte cosa   585
esto que me mandas agora fazer;
yo tengo muger discreta, graçiosa,
de que he gazajado e assás plazer.
Todo quanto tengo quïero perder,
déxame con ella solamente estar;   590
de que fuere viejo, mándame levar
e a ella conmigo, si a ti pluguier.

Dize la muerte

LXXV

Venit vos, amigo, dexat el rallar,
ca el gamé no pedricaredes;
a los veinte e siete vuestro capellar   595
nin vuestra camisa non la vestiredes;
en Meca nin en la ida ý non estaredes
comiendo bunnuelos en alegría.
Busque otro alfaquí vuestra morería.
Passad vos, santero, veré que diredes.   600

Dize el santero

LXXVI

Por çierto más quiero mi hermita servir
que non ir allá do tú me dizes.
Tengo buena vida, aunque ando a pedir,
e como a las vezes pollos e perdizes.
Sé tomar al tiempo bien las codornizes,   605
e tengo en mi huerto assás de repollos.
Vete, que non quiero tu gato con pollos.
A Dios me encomiendo y a sennor San Helizes.

Dize la muerte

LXXVII

Non vos vale nada vuestro reçelar;
andad acá luego, vos, don taleguero,   610
que non quesistes la hermita adobar,
fezistes alcuza de vuestro guarguero.
Non vesitaredes la bota de cuero
con que a menudo solíades bever;
çurrón nin talegua non podrés traer,   615
nin pedir gallofas como de primero.

Lo que dice la muerte a los que non nonbró

LXXVIII

A todos los que aquí non he nonbrado
de qualquier ley e estado o condiçión,
les mando que vengan muy toste, priado,
a entrar en mi dança sin escusaçión. 620
Non resçibiré jamás exebçión
nin otro libelo nin declinatoria;
los que bien fizieron avrán sienpre gloria,
los qu'el contrario avrán danpnaçión.

Dizen los que han de pasar por la muerte

LXXIX

Pues que así es que a morir avemos, 625
de neçesidad, sin otro remedio,
con pura conçiençia todos trabajemos
en servir a Dios sin otro comedio;
ca Él es príncipe, fin e el medio,
por do, si le plaze, avremos folgura, 630
aunque la muerte, con dança muy dura,
nos meta en su corro en qualquier comedio.

GLOSARIO

Abarrancar: acepción metafórica con el sentido de meterse en apuros, estar en un aprieto.

Abastar: abastecer.

Adonarse: adquirir don o gracia.

Aferes: asuntos, quehaceres.

Afinado: muerto.

Aflito: afligido.

Ahuelo: abuelo.

Ahuziar: dar confianza, esperanzar.

Aína: presto.

Ál: otra cosa.

Alguandre: jamás.

Almática: dalmática.

Alueñe: lejos.

Amaro: amargo.

Amicicia: Amistad.

Amidos: a gemidos.

Aquellotrar: equivale a aquellar, verbo empleado para salir del paso cuando no se encuentra la palabra apropiada.

Aquese: ese.

Aqueste: este.

Aquesto: esto.

Ardido: valiente, animoso.

Asaz: bastante, harto, suficiente.

Asmar: tratar de pensar.

Astelo: columna.

Ata: hasta.

Atal: tal.

Atán: tan.

Bártolo, el: comentarios del Corpus iuris por el discípulo de Cino de Pistoia, Bártolo de Sasoferrato.

Bendicho: bendito.

Berahá: oración.

Bocado: suerte.

Buvas: enfermedad contagiosa, llamada también «mal francés» porque, según algunos, la contrajeron los franceses cuando entraron en Italia con el rey Carlos VIII. Otros dicen haberla contraído los españoles en el decubrimiento de las Indias. En cualquier caso, tiene su origen en el comercio carnal y se remonta a la antiguedad.

Ca: porque, pues.

Cadira: silla.

Caede: derribad, echad al suelo.

Calvar: monte Calvario.

Carbunco: pústula maligna, que se produce sobre todo en cuello, cara y manos. Recibe ese nombre porque quema como si fuera lumbre o un carbón encendido.

Catar: mirar, ver, examinar.

Certenidad: certeza.

Chino, el: comentarios del Código de Justiniano por el famoso jurista Cino de Pistoia.

Chirubelas (churumbelas): instrumento de viento a modo de chirimia.

Clerizón: clérigo aún no ordenado de misa.

Coletario, el: libro de cánones atribuido a San Isidro.

Colodras: vasija de madera en forma de barreño, que usaban los pastores para ordeñar las cabras, vacas y ovejas.

Comedio: espacio de tiempo

Comer del feno: morir.

Conorte, aved buen: animarse, alegrarse.

Conplisión: complexión.

Conquerir: conquistar.

Consuno, de: en compañía, unida y juntamente, de común acuerdo.

Continente, de: enseguida.

Cordojo: cuidado, aflicción.

Corroçarse: enojarse.

Cudo: creo.

Cueita: cuita.

Curiar: guardar.

Dalde: dadle.

Deçeplinas: disciplinas.

Dedes: deis.

Demudar: desfigurar.

Dende: de allí, desde allí.

Desbarato: mal asunto.

Desmanparado: desamparado.

Despartir: discutir.

Despeluciar: erizar los cabellos algún pavor o miedo repentino.

Dessatar: destruir.

Devantar: levantar.

Deviés: debías.

Dijesto: nombre que se da a la recopilación de las resoluciones de derecho realizada por mandato del emperador Justiniano.

Disanto: día de fiesta religiosa.

Dó: donde, de donde.

Doblas (doblón): moneda de oro de España, que ha tenido distintos precios según los tiempos, siendo lo más regular su equivalencia a cuatro pesos escudos.

Enartar: engañar.

Enbaçar: turbar.

Encellas: canastas hechas de mimbre o estera, que sirven para modelar quesos y requesones.

Endeliño: aliño, condimento.

Entramos: entrambos.
Erar: errar.
Escalentar: calentar.
Estopida: proveniente de topir con el prefijo ex-. Su significado es el de comprimir, apretar. De ahí, que en la **Égloga,** podría, equivaler a mano tiesa, mano abierta, produciendo un sonido agudo.
Estorçer: torcer, cambiar.
Estorcijar: retorcer.
Estudiere: estuviere.

Facinda: cosa.
Falar: hallar.
Fallençia: falta, pecado.
Fasta: hasta.
Fenchir: hinchar.
Fer: hacer.
Fezía: hacía.
Fijo: hijo.
Fincar: quedar.
Finojos: rodillas.
Firmalles: joyas en forma de broche.
Foradar: horadar.
Fraire menor: perteneciente a una orden mendicante como la de los franciscanos por oposición a la de los predicadores como los dominicos.
Fu: fue.
Fure: fuere.
Fustes: fuisteis.

Gafedad: lepra.
Gallofas: comida que se daba a los pobres que pedían limosna.

Garrancho: ramo quebrado de algún árbol.
Gasajado: regalado, hospedado con amor.
Ge: se.

Hemencia: vehemencia.
Hitos, a: modo adverbial que indica andarse con cuidado.

Inforismo: idea, argumento, metáfora.
Inperante: emperador.

Josepe: José.

Lachesis: una de las tres Parcas. Hacía girar el uso, y estiraba al azar el hilo de los destinos humanos.
Landre: especie de tumor del tamaño de una bellota, que se produce en los sobacos y en la ingle; de ordinario afectaba a la garganta y ahogaba con brevedad al paciente.
Lechegada: número y manada de lechoncillos que nacen de un parto; por extensión se dice de otros animales.
Ledo: alegre.
Levar: llevar.
Libelar: hacer peticiones. Voz de uso jurídico fundamentalmente.
Linjavera: carcaj, aljaba para llevar flechas.
Luciferales: de Lucifer, infernales.

Maguer: aunque.
Mal siglo: infierno.
Medrosia: miedo permanente.
Melena, poner la: almohadilla o piel que se sujeta a los cuernos del buey para que no le lastime el yugo.
Menbrarse: acordarse.
Miera: aceite espeso muy amargo que se obtiene destilando bayas y ramas de enebro. Los pastores lo usan para curar la roña del ganado.
Modorría: Aplicado al ganado lanar, enfermedad llamada modorra consistente en una especie de aturdimiento que les hace dar vueltas convulsivas, como cayéndose.
Mos: míos.

Néstor: rey de Pilo.

Ó: donde, en donde.
Oblada: ofrenda.
Omeçillo: variante de homicidio, enemistad.
Omne: hombre.
Osadas, a: ciertamente, en verdad, a fe.
Otrosí: también.

Pancho: lo mismo que panza, en estilo vulgar y jocoso.
Perlazía: prelacía.
Pescoçadas: golpes con la mano en el pescuezo.
Poder mero: poder absoluto.

Porná: pondrá.
Priado: pronto, presto.
Pro: provecho.
Puchas: guisado de harina y aceite.
Pulgaradas: golpe que se da apretando con el dedo pulgar.
Punar: pugnar.

Quisierdes: quisiéredes.

Rallar: en sentido peyorativo, hablar.
Recuesto: sitio o paraje que está en declive.
Revellado: rebelado, reacio.
Rugas: arrugas.

Saje: sabio.
Sayón: verdugo.
Secutar: poner en obra, ejecutar.
Signado: firmado como documento público.
Sines: sin.
Só: soy.
Sobejo: sobrado, excesivo, extremado.
Sorzir: golpear.
Sotar: saltar.

Temençia: miedo, temor.
Ternás: tendrás.
Thremer: temblar.
Toste: pronto.
Través: desgracia, suceso infeliz.
Trubar: encontrar.
Tuerto, a: injustamente.

Valía: socorro.
Vedes: veis.

Vegada: vez.
Vido: vio.

Xaropes: jarabes.

Ý: allí.
Ypocrás: Hipócrates.

Zarazas: masa que se hace mezclando vidrio molido, agujas, sustancias venenosas, etc., y se emplea para matar perros, gatos, ratones u otros animales.